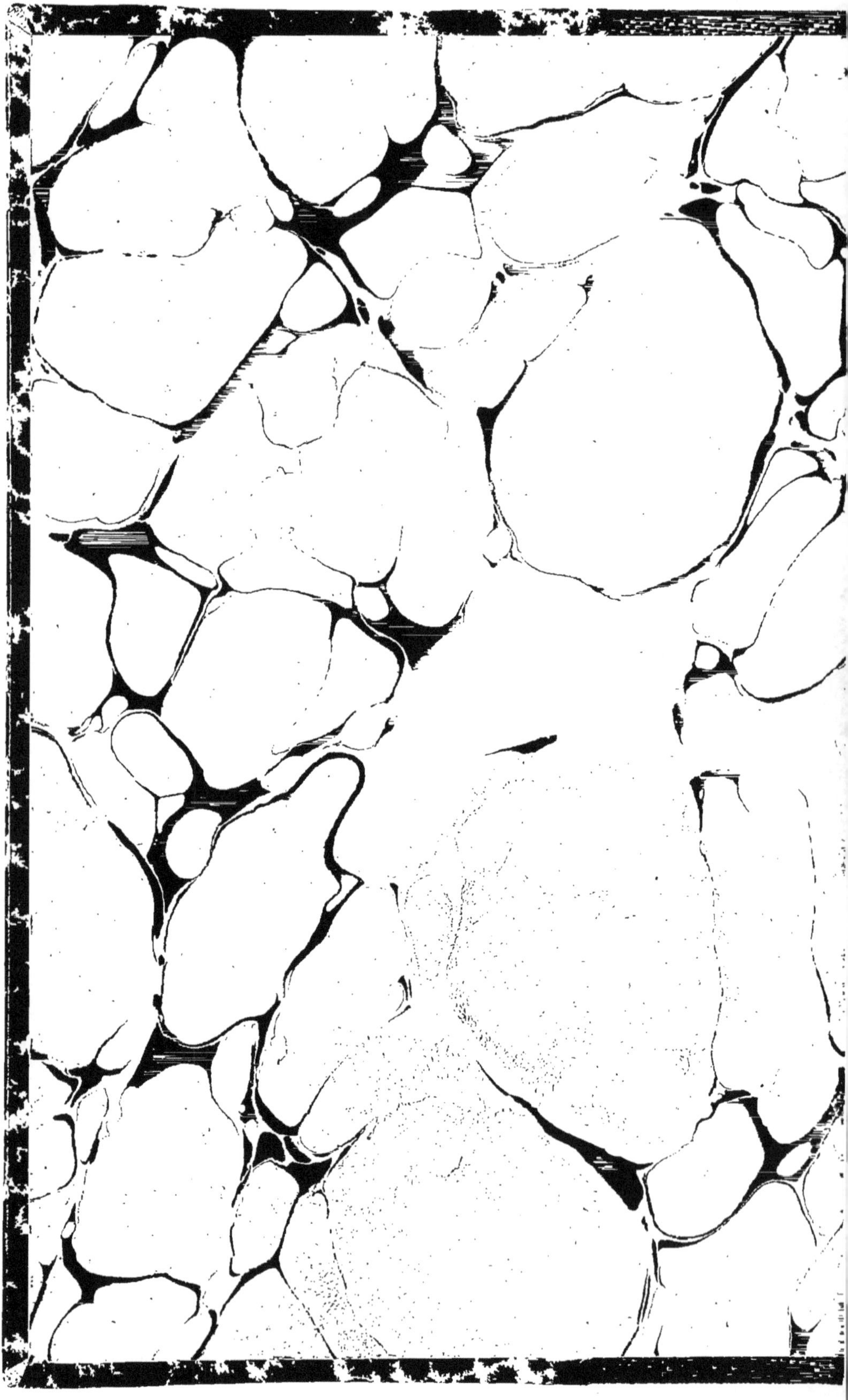

LE

LUXEMBOURG

Le Palais
Le Petit-Luxembourg — Le Jardin
Le Musée — Les Carrières

PAR

A. HUSTIN
Secrétaire Général de la Questure du Sénat

PARIS
P. MOUILLOT, IMPRIMEUR DU SÉNAT
Palais du Luxembourg

1905

LE

LUXEMBOURG

Le Palais

Le Petit-Luxembourg — Le Jardin

Le Musée — Les Carrières

PAR

A. HUSTIN

Secrétaire Général de la Questure du Sénat

PARIS

P. MOUILLOT, Imprimeur du Sénat

Palais du Luxembourg

—

1905

PLAN DU 1ER ÉTAGE

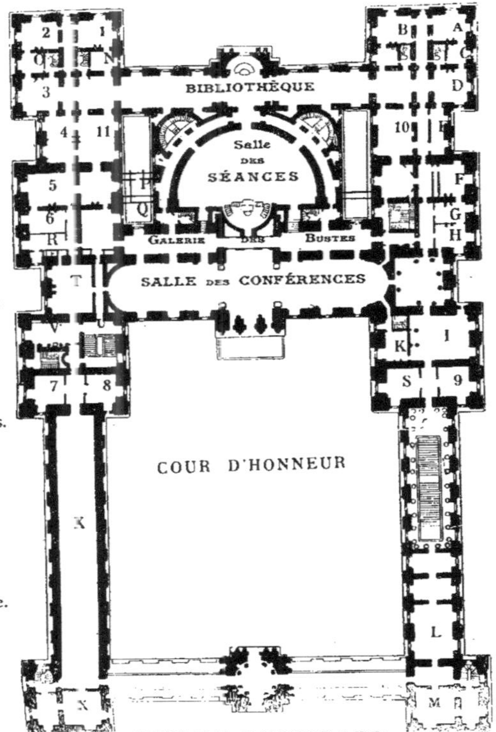

N - Cabinet des Ministres.
O - Cabinet du Docteur.
P - Lavabo.
Q - Salle des journalistes.
R - Compte rendu analytique.
S - Distribution.
T - Commission des Finances.
U - Escalier du public.
V - Salon Jeanne Hachette.
X - Annexe de la Bibliothèque.

A - Secrétaire génral de la Questure.
B - Bureau de la Questure.
C - Sous-chef du personnel.
D - Cabinet des questeurs.
E - Téléphone.
F - Sténographie.
G - Cabinet des Secrétaires.
H - Cabinet de M. le Président.
I - Buvette.
K - Bureau de poste.
L - Commission des Douanes.
M - Groupe colonial.

1 - Premier bureau.
2 - Deuxième id.
3 - Troisième id.
4 - Quatrième id.
5 - Cinquième id.
6 - Sixième bureau.
7 - Septième id.
8 - Huitième id.
9 - Neuvième id.
10 - 1re Commission.
11 - 2e Commission.

Désignation des affectations des diverses localités du Palais, au 1er Janvier 1905.

IMPRIMÉ

PAR AUTORISATION DE MM. LES QUESTEURS DU SÉNAT

ALCIDE DUSOLIER,

ÉMILE GAYOT,

GEORGES BONNEFOY-SIBOUR

POUR RÉPONDRE AU VŒU DE LEURS COLLÈGUES

Paris, le 20 Janvier 1905

Nous avons, dans le ***Palais du Luxembourg***, publié en Juillet 1904, retracé l'histoire du monument, de ses architectes et de ses décorateurs.

Le présent recueil est plus modeste.

Ce n'est pas un livre.

Ce n'est pas non plus un Guide pur et simple :

C'est un inventaire sommaire des richesses artistiques, des curiosités du Palais et de ses dépendances, dans l'ordre où elles ont été réparties.

Nous y avons utilisé le résultat de nos dernières investigations, notamment pour le Petit-Luxembourg, et pour son sous-sol, si négligé par ses historiens. On y reconnaîtra les grandes lignes d'une fort intéressante histoire à faire du Palais de Richelieu, devenu la résidence du Président du Sénat.

Janvier 1905

*

CHAPITRE PREMIER

Le Palais du Luxembourg

Bâti en 1615, pour servir de résidence princière, le Palais du Luxembourg est devenu au commencement du XIXe siècle un Palais législatif. Des transformations profondes y ont été apportées à la suite de ces changements de destination. Nous allons les passer en revue et rappeler quels personnages ont habité, quels architectes ont construit, entretenu et modifié ce Palais.

C'est en 1612 — le 2 avril — que Marie de Médicis (1573 + 1642) acheta du duc de Piney Luxembourg l'hôtel que Robert de Harlay de Sancy avait fait bâtir au milieu du XVIe siècle, sur l'emplacement d'un ancien camp romain. Elle fit raser l'hôtel, réunit au terrain des jardins voisins et chargea Salomon de Brosse, architecte des bâtiments du Roi, d'y élever pour son usage un palais s'inspirant, au point de vue monumental, de l'architecture florentine dont les merveilles entouraient son berceau. De Brosse lui soumit un plan que la Reine goûta fort et pendant que les architectes les plus réputés d'Europe l'examinaient et l'approuvaient, il dessinait les jardins (1613), les plantait, et amenait d'Arcueil, par un aqueduc dont la première pierre fut posée le 17 juillet de la même année, l'eau de Rungis, nécessaire et aux jardins et au Palais lui-même, dont les fondations étaient commencées en 1615.

En 1624 les travaux étaient achevés, sauf dans l'aile Est qui resta longtemps en attente.

Le Palais formait un parallélogramme, s'allongeant de la rue de Vaugirard vers l'Observatoire actuel, long de 118 mètres, large de 90.

La façade sur la rue de Vaugirard comprenait 2 pavillons d'angle, reliés par un portique à terrasse sans jours sur la rue, coupé au milieu par un troisième pavillon formant porte d'entrée et terminé en dôme.

Les façades latérales comportaient chacune une galerie ajourée au rez-de-chaussée, terminée par deux pavillons séparés par un petit arrière-corps, et reliés entre eux par un bâti-

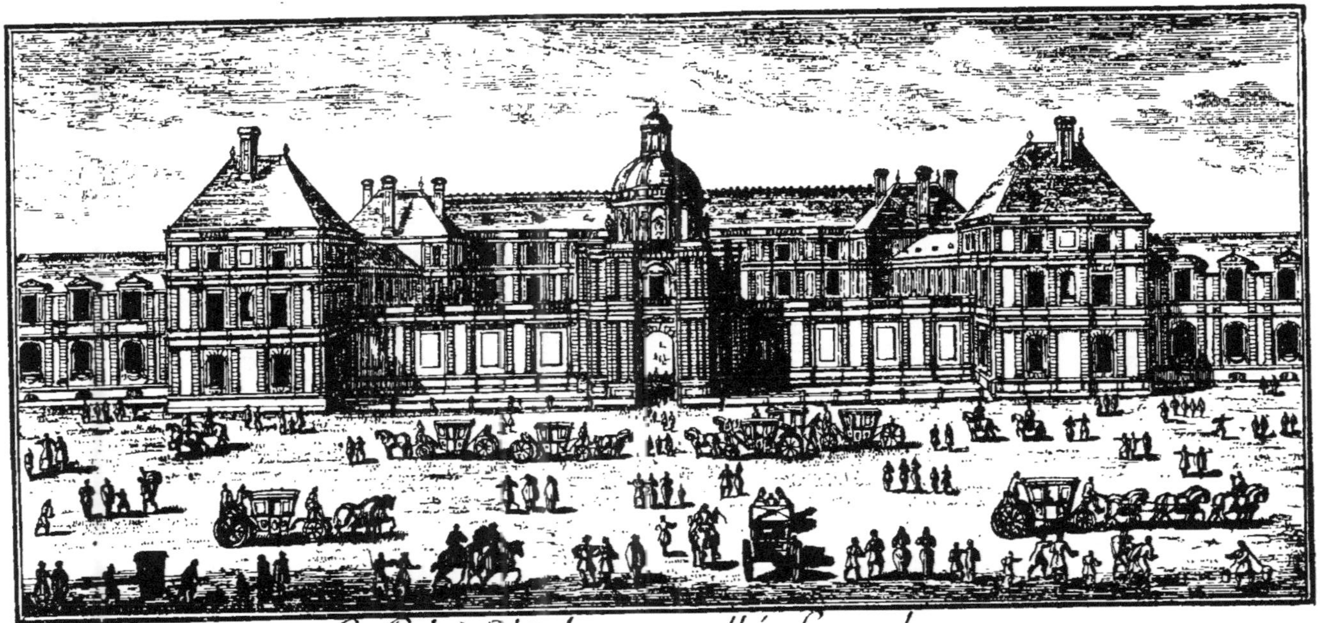

Le Palais d'Orleans appellé Luxembourg

ment principal ayant façade sur le jardin, et, côté de la rue de Vaugirard, donnant sur une cour d'honneur. Au fond de cette cour, entre les deux pavillons saillants, s'élevait, à hauteur d'un mètre, une terrasse, avec balustres en marbre, à laquelle on accédait par un escalier central demi-circulaire.

Au premier étage du bâtiment principal, se trouvaient les appartements de la Reine. Au centre, la chapelle. A droite en regardant le Palais, la galerie avait été décorée par Rubens. Celle, à gauche, restait à décorer.

De Brosse avait adopté, pour la physionomie générale de l'édifice, l'ordonnance florentine ou toscane en bossages. Au rez-de-chaussée, l'ordre toscan ; au premier étage, l'ordre dorique, au second, dans les pavillons d'angle du bâtiment central, l'ionique; pour les autres parties moins élevées, un ordre composite.

Jusqu'à la fin du XVIIIe siècle, aucune modification importante ne fut apportée à la distribution de Salomon De Brosse. Mais lorsque le Palais du Luxembourg devint, avec le Petit Luxembourg, le siège du Gouvernement, et qu'en 1800, il fut décidé qu'il serait affecté au Sénat Conservateur, l'architecte Chalgrin qui, dès 1781, avait présenté au Roi un projet de restauration générale, dut le transformer.

Le point de départ des transformations fut l'aménagement, au centre du bâtiment principal, où se trouvait la chapelle, d'une salle de séance pour les 80 sénateurs créés par la Constitution de l'an VIII. On ne pouvait y accéder par le grand escalier central. Chalgrin le supprima et en construisit un autre dans la galerie Ouest — celle de Rubens. Il supprima en même temps la terrasse de la cour d'honneur, et, dans la cage d'escalier supprimé, aménagea un vestibule à colonnes donnant accès aux localités du rez-de-chaussée et au jardin. Enfin, dans la galerie Est, il réinstallait le musée du Luxembourg, ouvert en 1750, par M. de Tournehem, et fermé en 1781 par le comte de Provence, que Louis XVI avait logé au Luxembourg et qui devait plus tard habiter les Tuileries sous le nom de Louis XVIII.

Après la Révolution de 1830, et à la suite des nombreux procès politiques qui furent jugés par la Chambre des Pairs, la construction d'une nouvelle salle des séances s'imposa. C'est M. Alphonse de Gisors qui la construisit, au Sud du bâtiment principal, avec deux nouveaux pavillons d'angle et une façade répétée de celle de De Brosse, encadrant l'enceinte législative. Commencés en 1836, les travaux en furent achevés en 1841.

Depuis cette époque, il n'y a eu, à l'intérieur

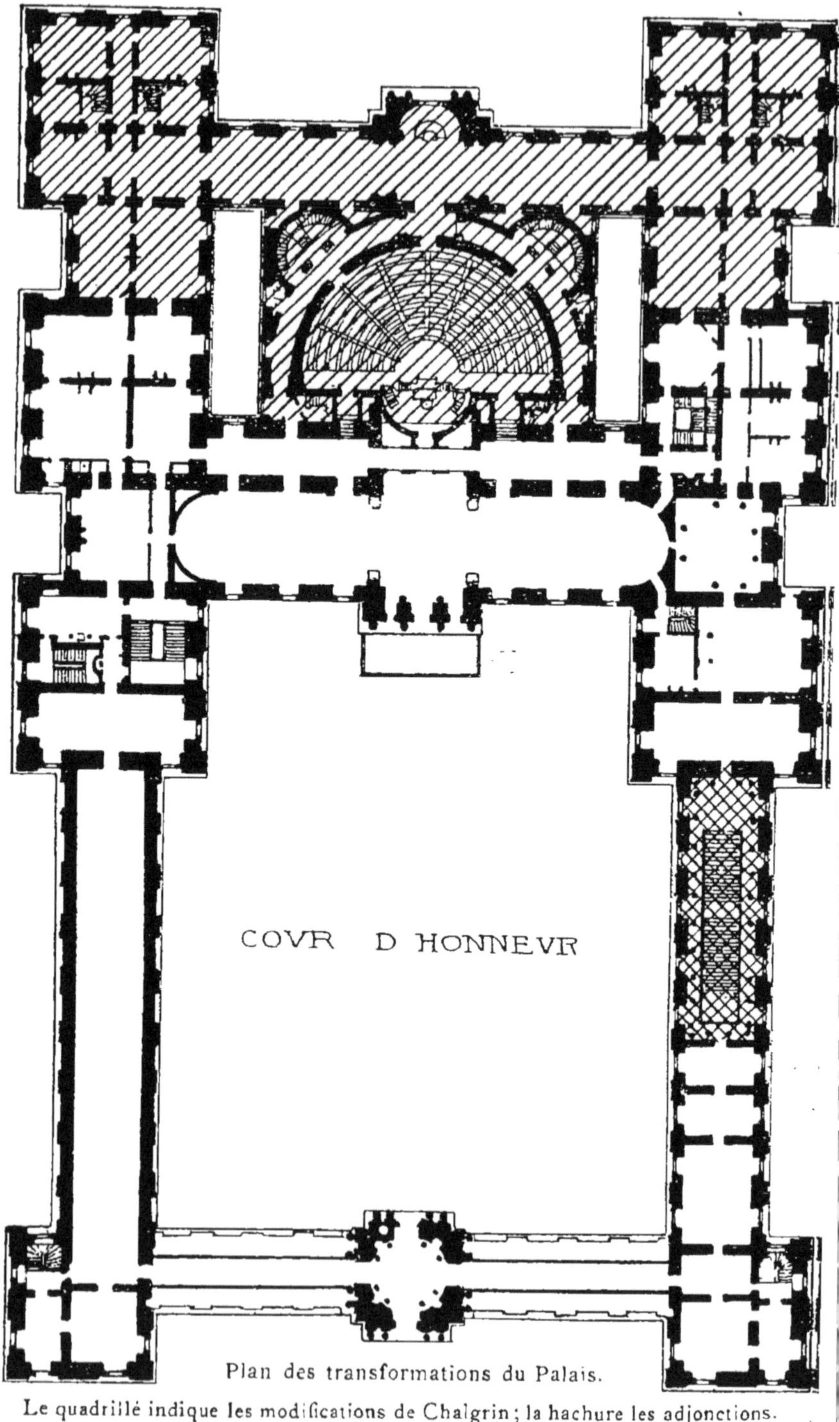

Plan des transformations du Palais.

Le quadrillé indique les modifications de Chalgrin ; la hachure les adjonctions.

Le Pavillon Central, vu de l'intérieur de la cour d'honneur.

2

du Palais, que des appropriations secondaires qui n'ont pas suffisamment modifié son ordonnance générale pour nous arrêter.

En résumé :

Il y a eu, pour le Palais, trois périodes :

1° De 1615 au Directoire, distribution de Salomon de Brosse.

2° A partir de 1800, transformation par Chalgrin, comme conséquence de l'affectation du Palais au Sénat Conservateur.

3° En 1836, construction d'une nouvelle salle des séances avec adjonction d'un arrière-corps sur le jardin.

Les habitants du Palais

Pour apprécier le caractère et l'utilité des transformations, indiquées ci-dessus, il est indispensable de rappeler par qui le Palais a été habité. C'est la partie vécue de son histoire.

Marie de Médicis, qui était venue s'installer au Luxembourg avant l'achèvement des travaux, en 1622, dut l'abandonner en 1631 pour prendre la route de l'exil.

De 1631 à 1646, le Palais resta inoccupé. A cette dernière date, Gaston d'Orléans, fils de Marie de Médicis, à qui celle-ci avait légué le Luxembourg, vint s'y installer après une transaction avec son neveu Louis XIV. Il y resta jusqu'en 1652, date de sa relégation au château de Blois, y menant une vie d'intrigue et de libertinage, collectionnant les œuvres d'art.

A sa mort, en 1660, ses deux filles, Mme de Guise et Mlle de Montpensier, la Grande Mademoiselle, qui avait rêvé d'épouser son cousin, Louis XIV et qui n'épousa que Lauzun, et, d'autre part, la duchesse d'Orléans se disputèrent la propriété du Palais. Leur différend ne prit fin qu'en 1665, à la suite de l'intervention du Roi qui divisa le Palais entre Madame et Mademoiselle, mais en stipulant qu'il retournerait après elles au domaine royal.

A la mort de la duchesse d'Orléans, en 1693, le Luxembourg passa aux mains de Mme de Guise et, en 1696, quand celle-ci disparut, en celles du Roi, qui n'y logea que des hôtes de passage : le duc de Mantoue notamment.

En 1715, le Régent, qui avait hérité du Luxembourg, l'abandonna à sa fille, la duchesse de Berry, qui s'y livra à toutes sortes de débauches jusqu'à sa mort en 1719.

De 1725 à 1742, ce fut sa sœur, la reine d'Espagne, qui s'y installa dans l'aile Est, qu'on venait enfin d'aménager.

En 1750, M. de Tournehem, directeur des Bâtiments civils, installa dans la galerie de cette aile où Rubens avait reçu mission d'écrire l'histoire de Henri IV, une exposition permanente de tableaux — il y en avait 96 — qui fut ouverte au public le 14 octobre. Elle fut fermée en 1780, sur l'ordre du comte de Provence, plus tard Louis XVIII, qui, en 1778, avait reçu le Luxembourg en apanage de Louis XVI.

Devenu propriété nationale en 1791, le Luxembourg fut transformé, sous la Terreur, en maison de détention. Sous le Directoire, Barras habita le pavillon Ouest en bordure de la rue de Vaugirard et y donna des fêtes galantes restées célèbres.

Puis vinrent le Sénat Conservateur, la Chambre des Pairs, et, en 1848, la Commission d'organisation du Travail.

Au Sénat du Second Empire, succéda la Préfecture de la Seine et enfin, en 1879, le Sénat de la Troisième République.

Les architectes du Palais

Salomon de Brosse, qui a construit le Palais, est né à Verneuil-sur-Oise vers 1565 et il est mort à Paris le 8 décembre 1626. Petit-fils par sa mère d'Androuet du Cerceau, fils d'un architecte qui avait bâti pour le duc de Nemours le

Statue de De Brosse dans la cour du Louvre.

château de Senlis, et que la reine Margot, la première femme de Henri IV, avait attaché à sa personne, il fut employé dans les bureaux de son oncle, Jacques II Androuet du Cerceau, architecte de Henri IV et de Marie de Médicis. Il lui succéda en 1614 comme architecte des Bâtiments du Roi.

Il a construit le Portail de l'Eglise Saint-Gervais et Saint-Protais à Paris (1624), la salle des Pas Perdus du Palais de Justice de Paris, incendié en 1676 et en 1871, le Temple, aujourd'hui détruit, de Charenton-Saint-Maurice, où pouvaient se réunir 18.000 personnes. Enfin il a dressé les plans du Parlement de Bretagne à Rennes.

Ni *Jacques Lemercier* (1585-1660), qui fut après lui architecte des Bâtiments du Roi, ni *Boffrand* (1667-1754) qui a décoré l'Hôtel de Soubise, réparé le Palais Bourbon et construit le grand escalier des appartements de réception du Petit Luxembourg, ni *Soufflot* (1713-1780) qui eurent le Palais dans leurs attributions n'y firent que des travaux d'entretien et de réparation.

Chalgrin, au contraire, transforma radicalement le Palais, devenu Palais Législatif, et il y a lieu de s'arrêter un peu sur son œuvre. Né à Paris en 1739, mort dans la même ville le

21 janvier 1811, Jean-François-Thérèse Chalgrin appartenait à une famille de bourgeois aisés. Après avoir voyagé en Italie, il construisit en 1765, pour le duc de la Vrillière, rue Saint-Florentin, un hôtel qui appartient aujourd'hui à M. le baron Alphonse de Rothschild. Invité au dîner offert par le duc pour célébrer la pendaison de la crémaillère, Chalgrin arriva fort en retard. Le duc de la Vrillière mit la chose sur le compte de la montre de son architecte et, le lendemain, lui en envoya une enrichie de diamants.

Nommé membre de l'Académie d'architecture, Chalgrin construisit la Tour septentrionale, les fonts baptismaux et le buffet d'orgue de l'Eglise Saint-Sulpice, l'Eglise Saint-Philippe du Roule et l'Arc de Triomphe de l'Etoile, œuvre en souvenir de laquelle, dans le quartier des Champs-Elysées, le nom de Chalgrin a été donné à une rue joignant l'avenue du Bois de Boulogne. — Chalgrin avait épousé en premières noces la fille de Joseph Vernet, née en 1760 — et de cette union lui était née une fille en 1778. Au moment de la Terreur, Chalgrin gagna l'étranger. Il alla voir à Bruxelles Monsieur, comte de Provence, dont il avait été l'architecte.

Il avait laissé sa femme à Paris. Celle-ci ne tarda pas à être impliquée dans l'affaire du château de la Muette, où elle s'était réfugiée chez une de ses amies qui en avait la garde. Elle fut condamnée à mort. A cette nouvelle, son frère, Carle, qui était lié avec David, fit d'actives démarches auprès du peintre du *Brutus*, qui était au mieux avec les chefs de la Convention. Mais on prétend que David, qui avait essuyé les refus de Mme Chalgrin, resta intraitable. Il refusa de se déranger « pour une aristocrate » et la tête de Mme Chalgrin tomba.

Chalgrin eut pour successeur au Palais : *Baraguey* (1748-1820), Provost, mis à la retraite en 1836, puis *Alphonse de Gisors* (1796-1866).

M. de Gisors transforma le Palais en le complétant. C'est lui qui y construisit, au milieu d'un arrière-corps prolongé, la salle des séances actuelles. Il appartenait à une famille d'architectes. Son oncle, élève de Chalgrin et de Sevestre, avait construit la salle de la Convention, aux Tuileries, et, au Palais-Bourbon, celle du conseil des Cinq Cents. Elève de son oncle et de Percier, il avait voyagé en Italie. Outre les travaux du Luxembourg, on lui doit la Préfecture d'Ajaccio, les anciennes cliniques de l'Ecole de médecine, l'Ecole normale supérieure, l'amphithéâtre de l'Observatoire, le ministère de l'Instruction Publique et la décoration du ministère des Travaux Publics. Il a publié une monographie très complète du Palais du Luxembourg.

Il a été remplacé par Constant Dufeux (1801-1817), Ch. Gondoin (1814-1898) qui fit l'installation du Sénat actuel en 1879 et enfin par son petit-fils, M. Louis Henri-Georges Scellier de Gisors, l'architecte actuel du Luxembourg et du Sénat, inspecteur général des Bâtiments civils. Né à Bellevue en 1844, M. Scellier de Gisors a suivi les cours de Le Bas et Ginain. Il a collaboré à l'œuvre de Charles Garnier, au Grand Opéra, de 1865 à 1869. Second grand prix de Rome, il a voyagé en Italie, où il a été chargé d'une mission par le Gouvernement. Il a construit le monument de Coligny et obtenu, en 1896, la médaille d'honneur au Salon de la Société des Artistes Français dont il est un des Vice-Présidents.

CHAPITRE II

Les localites du Palais

En pénétrant dans le Palais par la porte du Pavillon central, faisant face à la rue de Tournon, on trouve au rez-de-chaussée :

1° A gauche, une galerie destinée au piquet militaire de service les jours où le Sénat tient séance.

2° A droite, *la loge* des concierges, — car ils sont deux, — avec leurs lits relevés le jour dans des armoires *ad hoc; le casier* où l'on range les imprimés ou communiqués expédiés du dehors à MM. les Sénateurs; et enfin *le vestiaire* de ces derniers, composé de meubles disposés au droit des murs ou au centre de la galerie.

Ces meubles formant ensemble, comprennent des placards, communs à deux sénateurs, dans lesquels ceux-ci déposent leurs vêtements et leurs imprimés.

Le Pavillon Central, rue de Tournon.

Au haut de chaque porte, glissant dans un cadre, une étiquette au nom des titulaires.

En couronnement de ces meubles, ont été placés une série de bustes en marbre, de parlementaires en général, commandés par les assemblées qui ont siégé au Luxembourg depuis le Sénat Conservateur.

Ces bustes, installés autrefois dans d'autres salles, suivant les époques, éparpillés ensuite un peu partout après la Guerre, quand la Préfecture de la Seine fut installée dans le Palais, ont été groupés ici en 1902.

En voici la liste :

Annibal	Suzanne.
Scipion	Ramey.
Caton d'Utique	Lortat.
Jules César	Pajou.
De Belloy	Deseine.
Barbet-Marbois	Lescorné.
Cte Cornet	Bruyère.
Lally-Tolendal	Duseigneur.
Lagrange	Deseine.
Dailly	Bridan.
Daubenton	Boizot.
Cabanis	Chaudet.
Bevière	Delaistren.
Laville-Leroux	Corbel.
Dambray	Husson.
Comte Siméon	Daniel.
Perregaux	Boischot.
De la Boissière	Roland.
Lemercier	X...

Pléville-le-Pelley .... Lesueur.
Cousin .... Ramey.
Caulaincourt .... Bosio.
Fleurien .... Duret père.
Vien .... Lesueur.
Durazzo .... Ramey.
Papin .... Lesueur.
Hatry .... Duret.
Crassous .... Taunay.
De Fontenay .... Deseine.
Darcon .... Dumont.
Legeans .... Espercieux.
Levavasseur .... Broulhet.
Darcet .... Chaudet.
Creuzé-Latouche .... Fortin.
Beaupuy .... Masson.
Cacault .... Gors.
Pétiet .... Delaistre.
De Luynes .... Deseine.
Rénier .... Clodion.
Drarlin .... Ramey.
Béguinot .... Taunay.
D'Hautpoul .... Gaule.
Mérard de Salles .... Cartellier.
Lemigeaud d'Asson .... Dumont.
Fargues .... Bertholing.
Macdonald .... Feuchère.
Jourdan .... Gechter.

Tirard	De George.
Le Royer	Lambert.
Albuféra	Molchenetz.
Richelieu	Oudin.
Maison	Dantan aîné.
Duperré	Klagmann.

La présence de ces bustes au-dessus des meubles du vestiaire ne doit pas amener de confusion avec la *Galerie des Bustes*. Cette galerie est bien distincte et nous en reparlerons plus loin.

La galerie où se trouve installée la première partie de ce vestiaire, était autrefois fermée, sur la rue de Vaugirard, par un mur plein, à panneaux rectangulaires sur sa façade. Lorsqu'on installa le Sénat Conservateur, on ouvrit ces panneaux. On les remplaça par des baies éclairant sur la rue de Vaugirard la galerie dont les arcades ajourées sur la cour intérieure du Palais furent vitrées.

La partie de la galerie en retour d'équerre sur le bâtiment central, fut dénaturée par une décoration comportant des piliers à chapiteaux doriques.

Après avoir gravi quelques marches, on accède à un péristyle en rotonde, construit par Chalgrin pour contrebuter les voûtes de la partie de la galerie de Rubens qui n'avaient pas été enlevées.

A droite,

L'ascenseur

Réclamé dès 1880, l'ascenseur a été construit en 1885 par M. l'ingénieur Pifre. Il a coûté 25.000 fr. Hydraulique d'abord, il est actionné aujourd'hui par l'air comprimé.

Nous arrivons maintenant à

L'escalier d'honneur

Il a été construit par Chalgrin, pour le Sénat Conservateur, aux dépens de la Galerie où, entre les fenêtres, Rubens avait raconté la vie de Marie de Médicis, en une série de toiles aujourd'hui au Louvre.

Sans refaire ici l'histoire de cette suite incomparable, il faut bien, au passage, saluer la mémoire du maître d'Anvers qui, pendant près de deux siècles, illumina cette localité du Palais et rappeler que nous devons à... un sonnet ces 24 toiles. Marie de Médicis, en effet, sur les indications de Claude Maugis, curé de Saint-Ambroise, avait chargé de la décoration de la galerie un peintre français, Quintin-Varin (né à Beauvais vers 1550), qui avait donné des leçons au Poussin, aux Andelys et peint, pour Saint-Jacques la Boucherie, un *Saint Jacques Borromée*, perdu depuis la démolition de l'église. Mais Quintin Varin était lié avec un poète crotté du nom de Durant, qui rimait, contre la cour, des épigrammes. Durant fut pendu. Quintin Varin prit peur et se sauva, raconte la légende, peu vraisemblable d'ailleurs. Vainement on le chercha. Lasse d'attendre, la reine, pour le remplacer, choisit Rubens de préférence à l'Italien Josépin, que lui proposait le cardinal de Richelieu. Rubens vint à Paris en janvier 1622 pour s'entendre avec la reine sur ce grand œuvre. En un an, il exécuta neuf de ses toiles à Anvers. Le reste, il l'acheva à Paris, dans un atelier qui lui avait été aménagé dans le Luxembourg même, probablement dans la galerie Est, où il avait accepté de peindre, en pendant, la vie de Henri IV, soit 48 toiles, pour 20.000 écus.

Rubens a été, dans les premières années du XIXe siècle, enlevé au Palais, où il brillait sans atours, pour faire la gloire du Louvre dans la salle pour lui architecturée par M. Redon. Avec lui, le Luxembourg a perdu son grand trésor d'art et sa physionomie picturale du XVIIe siècle.

Le Premier Empire avait peuplé le couron-

Le grand escalier d'honneur.

nement de l'escalier, au premier étage, de statues en plâtre des grands orateurs et des plus illustres guerriers de l'antiquité et de la Révolution.

Une partie de ces statues fut détruite lors des Cent jours; celles qui furent épargnées furent placées dans d'autres localités et en d'autres édifices.

Après l'installation du Sénat au Luxembourg, en 1880, la Direction des Beaux-Arts lui attribua une suite de tapisseries des Gobelins et de quatre tapisseries de Beauvais qui, privées de leurs bordures, et fixées dans des encadrements de circonstance, décorent les entre-colonnements.

La lettre dorée *G* au bas des cartels indique les tapisseries des Gobelins, la lettre *B*, celles de Beauvais.

En voici les sujets, dans leur ordre, en commençant par le panneau de droite :

Pivoines, exécutées en 1882 à Beauvais, par MM. Mahu, Fontaine et Ducaste d'après Maisiat.

La Statue, d'après Flandrin, achevée le 27 mai 1884 par MM. Marie (Etienne), Houssaye, Prat et Marie (Paul).

Les Digitales, d'après A. Desgoffes, achevées, le 10 juillet 1884, par MM. Pommeret, Ampenot, Mairet et Cunéo.

Le Héron, d'après J.-J. Bellel, achevé le 14 février 1884, par MM. Maloisel, sous-chef d'atelier, Duruy (A.) et Gibier.

L'Ara Rouge, d'après A. de Curzon, achevée le 24 avril 1884, par MM. Hupé et Félix.

Pivoines blanches et Roses de Noël, exécutées à Beauvais en 1882, par MM. Senau, Beaucousin et Hertault, d'après Mme Escalier.

Fleurs, exécutées à Beauvais en 1882, par MM Lefèvre, Ch. Lévèque, Cautrel, d'après Petit.

L'Ibis, d'après M. Emile Maloisel, achevé le 20 mars 1889, par MM. Maloisel, sous-chef d'atelier, Maloisel (Georges) et Pouvillard.

Le Faisan, d'après Lansyer, achevé le 7 septembre 1887, par MM. Houssaye, Mairet, Vernet, Thuaire.

Le Chevreuil, d'après M. Rapin, achevé le 4 avril 1889, par MM. Boiton Urruty, Mairet et Vacher.

Les Cigognes, d'après Paul Colin, achevées le 9 avril 1889, par MM. Marie (Etienne), Houssaye, Hocheid et Cunéo.

Fleurs, exécutées à Beauvais en 1882, par MM. Pinchon, P. Mahu, Rohaut, d'après Tony Faivre.

Malgré l'intérêt que présentent individuellement ces tapisseries, malgré l'aspect monumental de l'escalier, fait pour les graves personnages qui allaient, en costume chamarré, siéger sur les bancs du Sénat Conservateur, on pense toujours à Rubens. On revoit au-dessus de la porte que Chalgrin a ouverte dans l'axe de la galerie, là où se dressait une cheminée d'apparat, et au-dessus de cette cheminée, le portait de Marie de Médicis, et au-dessus des deux portes latérales, les portaits de son père et de sa mère. Ces portes latérales sont bouchées. Des panneaux en tapisserie de Beauvais en marquent la place comme les panneaux des Gobelins tiennent la place des Rubens! Tapisseries intéressantes à coup sûr, mais placées là en oubliant un peu que dans cet escalier de pierre, la sobriété de la pierre pouvait seule assurer la sévère harmonie de l'ensemble.

Après avoir traversé une vaste salle rectangulaire, qui servait autrefois de salle des gardes et que de modernes cloisons vitrées partagent en un bureau du Sénat et en un bureau administratif pour le service de la

Distribution

des impressions législatives et documents ministériels, on pénètre dans la

Buvette

C'est une vaste pièce prenant jour par deux fenêtres sur le jardin. Elle servait autrefois de chambre à coucher à Marie de Médicis. Face aux fenêtres, un lit d'apparat à colonnes. Côté de la rue de Vaugirard, une cheminée monumentale, avec des chenets d'argent qui étaient célèbres. De tout cela il ne reste plus rien, pas même la cheminée. Un panneau de glaces l'a remplacée. Et là où pétillait la flamme, s'aligne un comptoir où la buraliste du Sénat vend le tabac de nos manufactures nationales. Le mur du fond a été

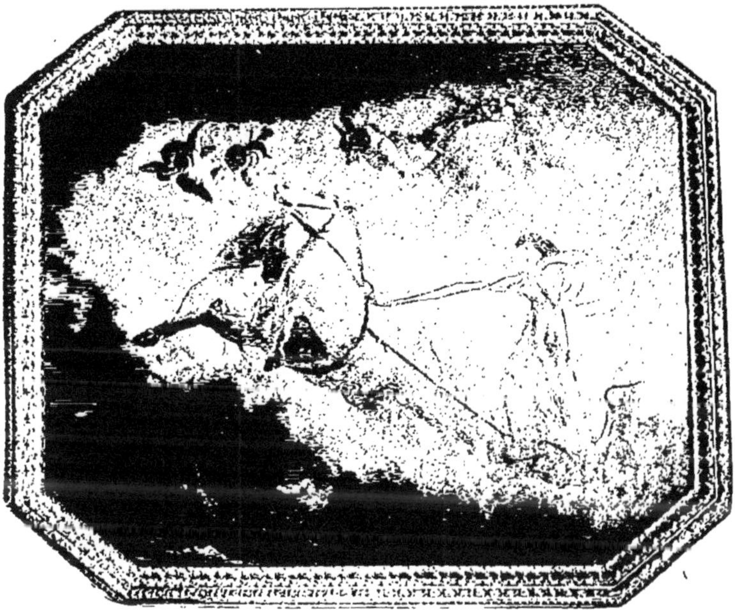

Le Lever de l'Aurore. — Plafond par JADIN.

enlevé, Chalgrin en a supporté la partie supérieure, qui a été conservée, à l'aide de deux colonnes de porphyre. Au plafond, Jadin, peintre d'animaux fort en vogue au milieu du siècle dernier, a peint le *Lever de l'Aurore.* Entre les colonnes, un groupe de Pollet, exposé

Achille et Déidamie, groupe en marbre, de POLLET.

au Salon de 1854, *Achille et Déidamie*. Dans un évidement, une statue de *Persée*, dont l'auteur est absolument inconnu, et qui a eu des infortunes, car elle a été brisée en une dizaine de morceaux lors des aménagements du Premier Empire.

Et puisque nous sommes dans la Buvette, détruisons une légende qui veut que les membres des Chambres voyagent et se restaurent aux frais des contribuables. C'est de leurs deniers qu'ils paient l'abonnement sur tous les réseaux : c'est de leurs deniers qu'ils paient les rafraîchissements qu'on leur sert. Tous les mois, sur l'indemnité parlementaire, il est fait une retenue. C'est le produit de cette retenue qui alimente le budget dit de la Buvette, sur lequel sont payés et l'abonnement, et les fournitures de la Buvette, et... sur les économies réalisées, les dons faits en fin d'année aux bureaux de bienfaisance des arrondissements au milieu desquels s'élève le Luxembourg.

Le Cabinet doré

La pièce qui suit s'appelait, sous Marie de Médicis, le *Cabinet doré*. La Reine y donnait audience. De nombreux tableaux de maîtres y avaient été réunis. Sous le Premier Empire,

Chalgrin la transforma. Il en boucha toutes les portes latérales, pour en ouvrir de centrales dans les axes du grand Escalier et de la salle des

Plafond de DECAISNE.

Conférences, en les ornant de colonnes de marbre provenant des Thermes de Julien.

Au plafond, Decaisne a peint une allégorie, avec, à l'extrémité, un portrait du Roi de Rome. Aux murs, six grandes toiles :

Richelieu et Louis XIII, par Cabanel.

Louis XIV signant les ordonnances de la marine, par Alexandre Hesse.

Le duc de Guise et Achille de Harlay, par Vinchon.

Charlemagne dictant ses capitulaires, par Champmartin.

Saint Louis dictant ses établissements, par Flandrin.

Le chancelier de l'Hôpital remettant sa démission à Charles IX, par Caminade.

A terre, un tapis des Indes, tissé aux Indes, d'après un modèle ancien des Indes.

La porte de droite ouvre dans un long couloir qui dessert :

Le cabinet de M. le Président du Sénat,

Le cabinet des Sénateurs secrétaires,

Les salles de la Sténographie,

Le bureau du Téléphone,

La salle de Commission n° 1,

Le cabinet de MM. les Questeurs,

Le cabinet du Secrétaire Général de la Questure,

Le bureau du Personnel et de la Comptabilité,

La Bibliothèque.

Richelieu et Louis XIII,
par CABANEL.

Louis XIV signe les ordonnances de la Marine,
par A. HESSE.

Le tapis des Indes du Cabinet doré.

Le cabinet de M. le Président

n'a été décoré qu'en 1903. Il est blanc et or avec des tentures en damas d'un vert rompu.

Dans l'évidement de l'une des portes qui communiquait autrefois au *Cabinet doré* de Marie de Médicis, a été installé le vestiaire de M. le Président.

Dans le mur, le Second Empire avait fait installer un coffre-fort de petite dimension, où étaient gardés certains papiers d'Etat. On disait notamment que là avait été déposé le testament politique de Napoléon III.

Quand, au 4 septembre, on ouvrit ce coffre-fort, on n'y trouva que la copie d'un des derniers Sénatus-Consulte. M. Rouher avait eu le temps d'emporter les autres pièces conservées dans cette cachette.

Dans le

Cabinet des Sénateurs-Secrétaires

aucune décoration.

Aux murs, trois œuvres d'art:

Automne, par M. Guimier; le portrait de Challemel-Lacour, par Mme Wentworth et une scène historique, par Rœhn.

Après avoir dépassé les salles de la Sténographie, on voit dans le couloir, en face du service téléphonique, une grande toile de Signol, *les Législateurs*. Elle ornait le plafond d'une salle de la Galerie centrale aujourd'hui démolie.

Cabinet des Questeurs

Le cabinet des Questeurs, situé à l'extrémité Ouest de la Bibliothèque dans le pavillon d'an-

Plafond. — La réunion des plus illustres poètes, orateurs, historiens et législateurs des temps anciens.
Dans le ciel planent l'Histoire, l'Eloquence et la Poésie.

gle ajouté à l'ancien Palais au siècle dernier, servait, sous la Monarchie, de Juillet, de salle de

Travail aux Pairs, et sous le Second Empire, aux Sénateurs.

La Paix.

La Justice.

La décoration est l'œuvre de l'architecte qui a fait l'adjonction, M. Alphonse de Gisors.

Au plafond, Louis Boulanger a groupé les portraits des plus illustres poètes, orateurs, his-

La Concorde.

La Clémence.

toriens et législateurs des temps anciens. Dans le ciel planent l'Histoire, l'Eloquence et la Poésie.

Dans huit compartiments verticaux, le même peintre a symbolisé *la Paix, la Concorde, la Justice, la Vérité, l'Etude, la Méditation, la Force, la Clémence.*

Au-dessous, quatre portraits sur bois, d'une

La Force.

exécution très sommaire, qui paraissent être des copies datant du siècle dernier.

Lorsque la Préfecture de la Seine s'installa, après la Guerre, au Luxembourg, on recouvrit d'étoffe ces portraits, ainsi que les guirlandes de fruits, sur fond d'or, qui encadrent les deux glaces.

Ces portraits, remis en lumière en 1902, sont ceux du premier Président *Lamoignon* (1617-1677); du conseiller et historien *de Thou*

(1533-1617) ; du chancelier *Séguier* (1588-1656), et du premier Président *Achille de Harlay* (1536-1616).

La Bibliothèque

La Bibliothèque a été commencée par le Sénat Conservateur au début du siècle dernier. Le Gouvernement n'ayant pas consenti au transfert au Luxembourg de la Bibliothèque de l'Arsenal, le Sénat dut se contenter d'une collection modeste provenant de différents dépôts littéraires de Paris. Cette collection tenait dans deux meubles placés dans la Galerie actuelle des Bustes, qui servait à l'époque de dépôt pour les livres et les archives.

Sous la Restauration, ce premier fonds s'accrut rapidement, à la suite de l'affectation de crédits annuels à l'achat de volumes, si bien qu'il fallut augmenter en même temps les locaux destinés à les recevoir. A la Bibliothèque du premier étage s'en joignit une autre au rez-de-chaussée, dans la salle du pavillon Est qui précède la Salle du Livre d'Or.

Lorsque, en 1841, le Palais fut agrandi par l'adjonction de deux pavillons et d'un avant-corps sur le jardin, encadrant une nouvelle salle des séances, l'architecte, M. de Gisors, ins-

La Bibliothèque.

Bibliothèque. — Le Plafond de DELACROIX.

Une scène du plafond de Delacroix.
Virgile présente le Dante à Homère, entouré d'Horace, Ovide et Lucain.

talla la Bibliothèque dans la grande galerie qui relie ces deux pavillons.

Le nombre des volumes n'a pas tardé à rendre cette galerie insuffisante. Il a fallu les loger dans les salles avoisinantes, puis dans la grande galerie de l'aile Est, qu'on appelle aujourd'hui l'*Annexe de la Bibliothèque.*

La *Bibliothèque* proprement dite est à la fois un dépôt de livres et une salle de travail. Elle a été aménagée avec le luxe en 1841, avec le confort moderne en 1903.

Au mur, un meuble en chêne architecturé. Au plafond, dans des caissons décorés, des peintures de Riesener et de Roqueplan. Sous la coupole, une peinture de Delacroix et quatre pendentifs du même maître.

La principale composition de Delacroix est inspirée du Dante. Dans les Champs Elyséens décrits au livre IV de son *Enfer*, Delacroix promène Homère et les poètes, Alexandre, Aristote, Xénophon, Alcibiade et Platon ; Orphée, Hésiode et des Lesbiennes ; Marc-Aurèle, Caton, Trajan, Cicéron, César composent le groupe romain.

Les pendentifs en camaïeux faisant face à la fenêtre représentent la *Théologie* et la *Philosophie*. A l'opposé, la *Poésie* et l'*Eloquence*.

Au-dessus de la fenêtre, dans la voussure, Delacroix a peint Alexandre, après la bataille d'Arbelles, déposant les poèmes d'Homère dans le coffre d'or de Darius.

M. Riesner a peint, dans la travée Est, la *Philosophie*, la *Poésie*, l'*Evangile*, la *Loi*, l'*Histoire*, l'*Industrie* et le *Génie militaire*.

M. Camille Roqueplan a peint, dans la travée Ouest, l'*Eloquence*, la *Politique* et les *Mathématiques*.

Quatre statues en marbre ornent les niches en retour de la coupole: à l'Est, la *Poésie* et la *Philosophie*, par Simart; à l'Ouest, la *Science* et l'*Histoire*, par Desbœufs.

Salle de la Commission de Comptabilité

Cette salle, située à l'Est de la Bibliothèque, à l'opposé du cabinet des Questeurs, a été, comme celui-ci, décorée par l'architecte qui l'a construite au milieu du siècle dernier.

Elle servait sous la Monarchie de Juillet, comme sous le Second Empire, de salle de Travail aux Pairs, puis aux Sénateurs.

Au plafond, Henri Scheffer a représenté le roi Charles V, à qui la France doit sa première bibliothèque, recevant les savants Ch. de Vitry, Jean de Bruges, Oresme, de Maizières, etc., et les engageant à y venir étudier.

Dans huit compartiments verticaux, et du même peintre, le *Silence*, la *Méditation*, l'*Etude*,

Plafond, par Picot.

la *Science*, l'*Histoire*, la *Philosophie*, la *Jurisprudence* et la *Législation*.

Au-dessous se trouvaient quatre portraits, ceux de : *Henri IV*, *Napoléon Ier*, *Louis XIV*, et *Louis-Philippe*.

Ils ont disparu.

A la suite se trouve une salle, affectée sous la Chambre des Pairs à la lecture des journaux, et qui, aujourd'hui, est une

Salle de Commission

dont le plafond a été décoré par Picot.

Le motif central de ce plafond représente *la Loi sous la sauvegarde de la Justice et de la Force.*

Dans les deux médaillons, l'artiste a figuré l'*Abondance* et la *Subordination.*

Dans la frise, des enfants tiennent des attributs et des médailles sur lesquels on voit des législateurs : Solon, Lycurgue, Moïse, Charlemagne, etc.

Salle des Tapisseries

Cette salle a été aménagée par Chalgrin en 1810.

En 1811, après la naissance du Roi de Rome, Baraguey, qui avait été nommé architecte du Luxembourg en remplacement de Chalgrin décédé, proposa aux Prêteurs du Sénat de donner à cette salle le nom de *Salon du Roi de Rome*, de la décorer avec des tentures de velours peint à l'huile par un procédé nouveau imaginé par

Le Colisée à Rome.

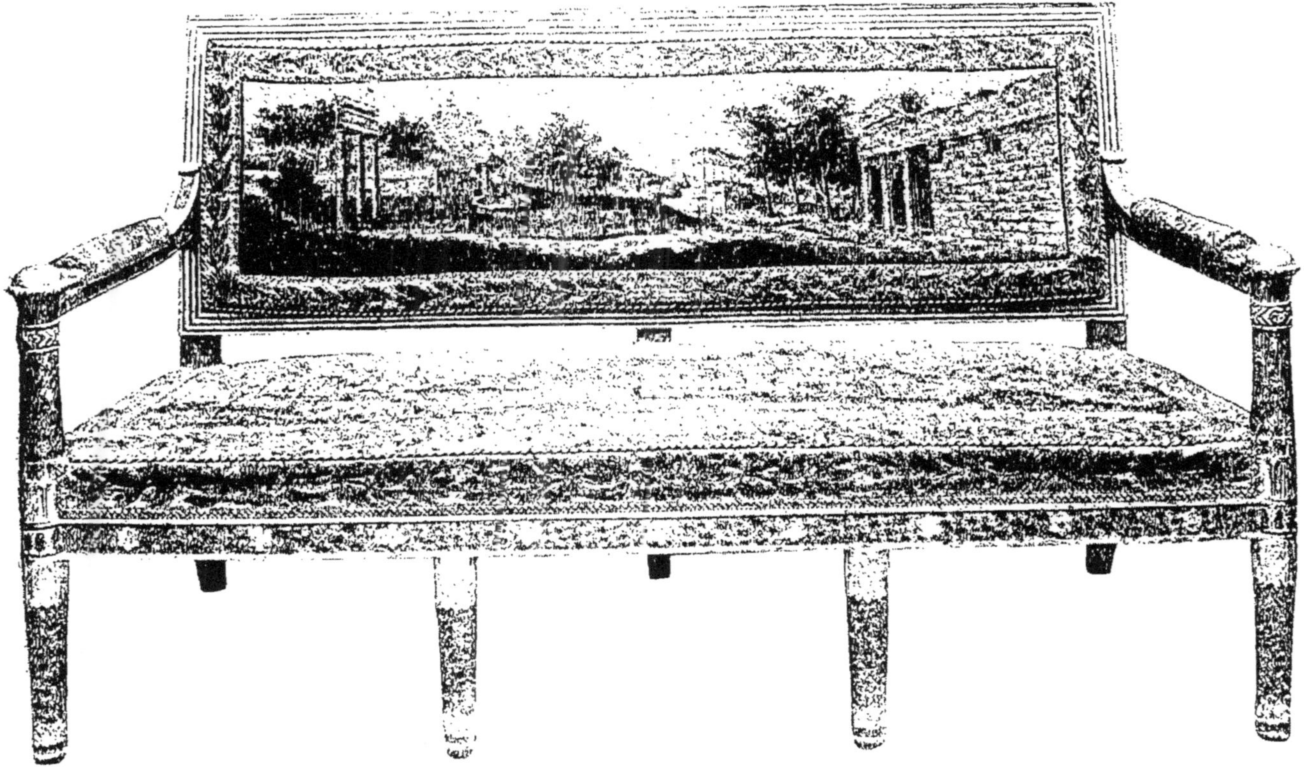

Un canapé du meuble du Roi de Rome.

Un fauteuil du meuble du Roi de Rome.

Vauchelet, et de la meubler de sièges recouverts également de velours peint. La proposition fut acceptée et six mois après, tentures et meubles sortaient des ateliers Vauchelet, installés alors, 52, rue des Saints-Pères, pour être livrés au Sénat.

Les tentures au nombre de huit, représentent des vues de Rome :

1° La Place et l'Eglise Saint-Pierre ;

2° Le Panthéon ;

3° Le Colisée et l'Arc de Constantin;

4° La Place du Peuple ;

5° Le Ponte-Mole ;

6° Le Capitole ;

7° Les Pont et Château Saint-Ange.

La huitième, exécutée d'après une esquisse du peintre Laffite, était une allégorie. Le Sénat sous les traits de Minerve, penché sur le berceau du Roi de Rome, tenait d'une main le symbole de la Prudence, de l'autre, celui de la Victoire et de la Paix. Dans le fond, Rome.

La Restauration s'empressa d'enlever cette tenture allégorique. Elle la remplaça par une vue du Campo-Vaccino, qui occupe le milieu du panneau faisant face à la cheminée.

Le meuble, en bois teinté et doré, est composé d'un grand canapé, de deux causeuses, de douze fauteuils et de six chaises.

Après avoir été longtemps délaissé dans le pourtour de la serre du Petit-Luxembourg, puis emmagasiné dans la Chapelle du Palais, transformée jadis en garde-meuble, ce mobilier se trouve actuellement dans les salons de l'une des dépendances du Sénat, 64, boulevard Saint-Michel.

Ce meuble est orné exclusivement de vues de Rome et de ses environs, dont une légende attribuait la peinture à la princesse Caroline. Il suffit pour faire justice de cette légende, de se rappeler que ces vues ont été exécutées, avec les tentures, en six mois, dans les ateliers de Vauchelet.

Les recherches que nous avons faites nous autorisent à penser que ces vues sont l'œuvre d'un paysagiste de l'époque, Pierre-Joseph Petit, élève de Hue, qui logeait à la Sorbonne.

Salle de la Commission des Finances

Cette salle, située à l'extrémité Est de la salle des Conférences, dont elle a été séparée par un étroit couloir, a été aménagée au commencement du Second Empire par l'architecte du Palais, M. Alph. de Gisors, pour servir de salon au souverain. Quatre tableaux en garnissaient les entre-colonnements :

1° *Le Traité de Campo-Formio*, par Brisset.
2° *La Constitution de l'an VIII*, par Vinchon.
3° *Entrée de Napoléon III à Paris*, par Couder.
4° *Mariage de Napoléon III*, par Eug. Giraud.

Enlevés après la Guerre, ils ont été remplacés par des tentures en satin vert.

Le buste de Napoléon III était placé dans le médaillon évidé qui surmonte la cheminée monumentale en marbre.

Le plafond, très ornementé, comportait dans sa partie centrale, une peinture d'attente : un ciel nuageux.

En 1903, il fallut démolir ce plafond qui, fissuré en deux endroits, menaçait de s'effondrer. Son enlèvement permit de constater l'existence de trois plafonds superposés dans un enchevêtrement de madriers. L'un, construit à l'origine, au XVIIe siècle; l'autre, par Chalgrin au commencement du XIXe siècle, pour s'accorder avec des changements de niveau des localités avoisinantes ; le troisième, celui de M. de Gisors, avait été jeté au-dessous par l'architecte pour donner à la pièce des proportions plus harmonieuses dans les trois sens.

Le plancher refait en 1903 est en fer. Il est à décorer.

Salle de la Commi

des Finances, 1905.

De cette salle, on communiquait autrefois avec la

Salle des Conférences

Salle des Conférences. — Porte d'entrée.

par une porte centrale faisant face à la cheminée. Cette porte a été condamnée et matelassée pour assurer à la fois la tranquillité et le secret des délibérations de la Commission des finances.

Cette salle des Conférences est certainement

Salle des Conférences.

la plus belle des salles qui existent à Paris. Son étendue, les proportions de son vaisseau, la richesse de sa décoration justifient à tous égards les suffrages qu'elle recueille.

Elle a été constituée en 1854 par la réunion de trois salles différentes et de deux étages.

Porte de la salle des Conférences

Sous Marie de Médicis, du centre du bâtiment principal, montait un escalier d'honneur conduisant à une chapelle s'éclairant sur le jardin. De chaque côté, des salles d'introduction.

Chalgrin supprima et l'escalier et la chapelle pour construire la salle des Séances du Sénat Conservateur. A gauche, la salle d'Introduction de l'Est, devint la salle du Trône; celle de l'Ouest, la salle de Réunion.

La construction d'une nouvelle salle des Séances pour la Chambre des Pairs permit une troisième transformation. La salle Centrale où avaient délibéré le Sénat Conservateur et la Chambre des Pairs, jusqu'en 1841, devint la salle du Conseil.

Enfin, sous le Second Empire. toutes les cloisons tombèrent. Le plafond supérieur fut enlevé. Une coupole s'évida au centre et M. de Gisors fit de cette galerie unique une merveille d'ordonnance et de richesse décorative.

Au centre de cette galerie, qui s'appela la salle du Trône, face aux fenêtres, se dressa le dais impérial.

Dans la coupole, Jean Alaux dit le Romain (1786-1864), peignit dans la note claire une allégorie dont une commission lui avait tracé en ces termes le programme :

Il faut se figurer la Galerie tout entière formant un seul ensemble, consacré dans toutes ses parties à reproduire les grandeurs de la France, par des représentations réelles et en n'ayant recours aux allégories que si cela paraît absolument indispensable.

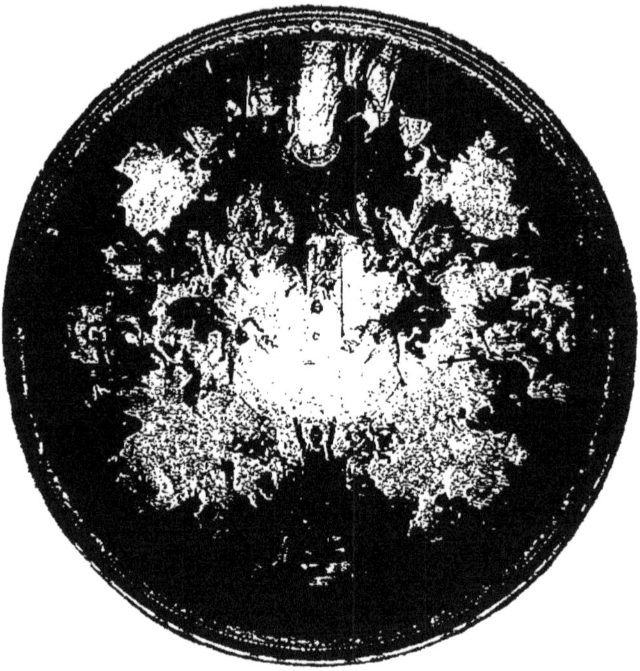

Plafond allégorique, par ALAUX.

La Coupole représentera comme sujet principal l'apothéose de Napoléon Ier dans son manteau impérial et entouré de figures vêtues groupées autour de lui.

Elle retracera les grandeurs et les triomphes de Napoléon Ier, un peu le présent et surtout l'avenir pour le règne de Napoléon III. En un mot c'est la société nouvelle s'élevant sur les débris de la société détruite ; ce sont nos soldats couvrant de leur gloire les misères de nos désordres intérieurs ; c'est Napoléon partant de Millésimo, de Rivoli, des rivages du Nil pour donner à la France et par elle à l'Europe des lois qui reconstituent le pouvoir et la société ; même pour rendre aux Arts et à l'Industrie leur fécond mouvement ; pour imprimer aux grandes entreprises la hardiesse savante qui n'a été dépassée que de nos jours.

Ce sont les trônes distribués, *assignata regna*, comme portent les médailles, ce sont nos victoires qui nous ont conduits des rivages de la Baltique aux colonnes d'Hercule ; et depuis lors, ce sont les efforts faits pour développer les forces dont la France est prodigue, c'est l'impulsion donnée par Napoléon III, aux entreprises utiles, aux chemins de fer, à la vapeur, aux institutions qui soulagent le pauvre, aux travaux qui accroissent le bien-être des familles ; les mers libres, l'Amérique ouverte à nos Arts et à notre Industrie ; Rome déjà délivrée ; Constantinople déjà défendue ; et le souverain pontife relevé par la même main qui pose notre épée sur la carte d'Europe pour empêcher qu'on ne la déchire. C'est enfin l'immense avenir qui semble s'ouvrir dans le ciel et qu'il faut voir de loin en dépit des tempêtes. C'est dans ce cadre que M. Alaux devra prendre les sujets des peintures de la Coupole ; c'est à lui à tirer le meilleur parti de ces pensées, qui devront être indiquées sur son esquisse, afin que la Commission puisse les apprécier.

A chaque extrémité de la salle, M. Henri Lehmann, élève d'Ingres (1814-1880), fut chargé de résumer à un autre point de vue l'histoire de la vieille France.

Voici le programme qui lui fut tracé :

Le premier hémicycle serait consacré aux deux premières races. La France naissant à l'indépendance, à la foi, s'y montrerait entre les Romains dont elle se délivre, entre Attila vaincu à Châlons, les Allemands défaits à Tolbiac ; Abderame et les Maures battus et écrasés dans les plaines de Poitiers ; Witikind défait au Mont Sinthall ; Clovis, Clothilde, Clotaire, Charles Martel, Charlemagne, Attila, Aétius, Adbera, Witikind, Grégoire de Tours, Eginhard, Saint Arnould de Metz ; quelques-uns de nos premiers monuments, peuvent composer le 1er tableau ou du moins y être rappelés.

La troisième race remplirait le second hémicycle. Ici c'est la France déjà forte, armée d'abord de sa lourde épée, et bientôt après de sa religion, de ses mœurs, de ses lois. Elle conquiert le Portugal par Henry de Bourgogne, l'Angleterre par Guillaume ; Naples par les fils de Tancrède ; la Sicile après eux.

Puis viennent les croisades et les principautés Françaises qui érigent notre étendard sur l'acropole d'Athènes, sur les murs d'Antioche et d'Edesse, et jusque sur les collines saintes de Jérusalem, puis saint Louis donne ses établissements ; Philippe Auguste crée la monarchie ; puis les guerres nationales de l'indépendance ; les désastres des premiers Valois ; et l'oriflamme relevé par Jeanne d'Arc reposant à Saint-Denis, tandis que nos armées vont conquérir Naples et disputer l'Italie ; pendant trois siècles c'est la chevalerie, ensuite ce sont les arts, les lettres, la vie nouvelle, la Renaissance ; puis les guerres civiles et les Guises puis le grand règne de Louis XIV et la société à son plus haut degré de splendeur de la vie, dominant l'Europe par son goût, ses ouvrages, ses mœurs, son élégance, après l'avoir dominée par les armes.

Il convient que M. Lehmann se pénètre bien de l'ensemble de ces deux sujets pour la composition de l'esquisse qu'il devra présenter à la Commission.

Entre la coupole et les deux extrémités de la salle, la décoration conçue par M. de Gisors avait réservé la place de chaque côté, d'une grande composition et de deux médaillons.

La commande en fut faite à M. M. Adolphe Brune, élève de Gros (1802-1880), et Camille Roqueplan, élève de Gros et d'Abel de Pujol (1800-1855). Mais Roqueplan qui était maladif, qui, déjà, n'avait pu exécuter pour les caissons de la Bibliothèque que trois compositions sur cinq, abandonna sa commande et ce fut Brune qui exécuta le tout.

Voici quel programme lui avait été donné :

Les deux tableaux du plafond et les quatre médaillons qui les accompagnent servent de liaison entre les hémicycles et la coupole : Ils doivent ainsi s'accorder avec les décorations générales du plafond et de la galerie.

Le premier de ces tableaux représenterait la France guerrière recevant de ces enfants des divers âges les couronnes qu'ils viennent mettre à ses pieds ; celle du Portugal, de l'Angleterre, de Sicile, de Naples, de Navarre, d'Espagne, d'Italie, de Hollande, de Westphalie, ce serait l'âge de la Victoire.

Le second montrerait la France maîtresse d'elle-même et de ses destinées l'épée au côté, mais tranquille et fière et écrivant le mot de paix sur son bouclier brillant encore du blason des conquêtes, ce serait l'âge de la Paix.

Des quatre médaillons, le premier renfermerait un groupe d'anges, ou à demi-nus ou vêtus de la robe blanche qu'on leur attribue, s'élevant vers le ciel. La vieille framée, le bouclier octangulaire et l'antique oriflamme, quelques écus de formes diverses porteraient les noms de Clovis, de Clotaire, de Charles Martel, de Boussicault, d'Alberick Clément, de Guillaume de Bar, de Duguesclin, de Clisson, de Dunois, de la Trémouille.

Le second serait aussi rempli par des anges, mais portant ceux-ci la crosse et les bannières de l'Eglise, celle de l'Université, celle de la Bourgeoisie. Sur des cartouches ou des banderoles seraient les noms d'Alcuin, d'Eginhard, d'Auscheric, de Suger, de Saint Bernard, de Joinville, de Pierre Sordel, de Chrestien de Troyes, de Jehan Pastoret, de Froissard, de Commines, de Jacques Cœur, du Cardinal d'Amboise, de Jeannin et de Lamoignon, etc.

Dans le troisième médaillon les anges porteraient les attributs de la chevalerie, les armures de Milan, les épées plus légères d'Espagne, les cuirasses, les boucliers ciselés d'Italie. Au milieu de ces armes ne serait plus l'oriflamme, mais le drapeau flottant des conquêtes et les guidons des hommes d'armes, avec les noms de Fornoue, de Marignan, de Metz, de Cérisoles, de Coutras, de Rocroy, d'Almanza, de Denain; et ceux de Gaston de Foix, de Montluc, de Montmorency, de Guise, de Lesdiguières, de Condé, de Turenne, de Vendôme, de Villars.

Dans le quatrième médaillon, les anges porteraient ou répandraient autour d'eux les emblèmes des grandes découvertes, depuis l'imprimerie qui est un peu française, jusqu'à la vapeur qui l'est tout à fait ; ceux des lettres, des arts, de l'industrie. Là seraient les noms de Jean Goujon, de Palizzi, de Pinaigrier, de Lesueur, de Puget, de Lebrun, de Mansart, de Ducerceau, de Papin, de Cassini, de Lavoisier, de Conté.

MM. Roqueplan et Brune doivent bien se pénétrer de la pensée qui domine les peintures de la galerie du Trône, les tableaux d'histoire, et la coupole appartenant au règne de Napoléon Ier et de Napoléon III. Les deux hémicycles, les deux tableaux et les quatre médaillons qui les relient à la coupole consacrés aux principaux faits historiques de la France et aux arts et découvertes qui ont illustré notre patrie. Il faut que ces messieurs se partagent le travail de manière à ce que l'un ait le premier tableau, le premier et le deuxième médaillons, l'autre le deuxième tableau troisième et quatrième médaillons. Les esquisses devront être faites dans cet ordre d'idées.

Deux compartiments accompagnent la coupole du centre de la Galerie. Ce travail fut confié par la Commission à MM. Balze frères avec le programme suivant :

On y retracera sous une forme non pas complètement allégorique, mais légèrement idéalisée dans sa réalité, le souvenir des grandes découvertes faites depuis 80 ans : L'électricité qui détourne la foudre, les voies de fer qui détruisent la différence du temps et des distances ; la vapeur qui met à la disposition de chaque homme des forces mille fois plus grandes que les siennes ; la filature du lin, qui a changé le système des tissus ; la photographie, qui rend instantanée la reproduction des objets naturels.

MM. Balze devront faire chacun un compartiment ; ils auront soin de partager les sujets indiqués de manière à ne pas les répéter. C'est dans cet ordre d'idées qu'ils doivent faire les esquisses qui seront présentées à la Commission.

Dans les trumeaux huit grandes compositions avaient été exécutées et mises en place sous le second Empire.

C'étaient :

La Signature du Concordat, par A. Hesse.

Le Sénat demandant l'Empire, par Signol.

La distribution des aigles de la Légion d'honneur, par Couder.

La réception des drapeaux d'Austerlitz, par Philippoteaux.

Le Rétablissement du Pape dans ses Etats, par Benouville.

La distribution des aigles à l'armée, par Pils.

La proclamation de l'Empire à Saint-Cloud, par Larivière.

L'Empereur visitant le Louvre, par Gosse.

Après la Guerre, on enleva ces huit toiles et on les remplaça, plus tard, par des panneaux décorés, avec écusson au chiffre de la République.

Demain, ces panneaux eux-mêmes seront remplacés par des tapisseries des Gobelins exécutées d'après les cartons d'Albert Maignan. La première est en place.

C'est *Daphné*.

La peinture d'histoire suit souvent les destinées des partis. C'est pour mettre la Salle des Conférences à l'abri de ces vicissitudes qu'en 1895, M. Challemel-Lacour, alors Président du Sénat, consulté sur la nature des sujets à traiter pour orner cette belle salle, écarta l'histoire comme le portrait pour donner ses préférences aux *Métamorphoses d'Ovide*, qui n'éveillent aucune susceptibilité politique et fournissent aux artistes les éléments les plus divers d'une décoration littéraire.

Ni trône, ni autel.

L'ancien Olympe !

Quatre statues allégoriques en marbre placées devant les piliers qui supportent la coupole par Seurre, H. Lemaire, Jouffroy (1857) et Duret: deux groupes en marbre par Nanteuil (1858) et Simard. Enfin une cheminée monumentale, édifiée sur l'emplacement de l'ancien dais des souverains, complète la décoration de la salle.

Cette cheminée est surmontée d'un buste en marbre de la République, par Clésinger.

L'ameublement de la salle manque d'unité.

Apollon et Daphné, tapisserie des Gobelins d'après le carton d'ALBERT MAIGNAN.

Cheminée de la salle des Conférences.

A retenir les sièges en bois doré et sculpté qui datent du second Empire et une table en

Salle des Conférences. — La table.

bois variés des îles de 4 mètres de long, cédée à la Chambre des Pairs par Madame la duchesse Decazes.

Pour passer de la Salle des Conférences à la Salle des Séances, on traverse la

Galerie des Bustes

Cette galerie, décorée blanc et or, prenant jour par le haut, a été aménagée sur l'emplace-

Galerie des Bustes.

ment d'une terrasse qui, sous Marie de Médicis, courait le long de la façade méridionale du Palais.

Chalgrin la couvrit pour augmenter les utilités du Sénat Conservateur, qui y mit, à ses débuts, et ses petites archives et les livres qu'il commençait à réunir pour former sa Bibliothèque.

Les adjonctions faites au Palais pour les besoins de la Chambre des Pairs transformèrent cette galerie en un couloir reliant les localités anciennes aux nouvelles. On ne trouva rien de mieux, pour l'orner, que d'y installer sur des socles en bois, peints et décorés, les bustes des grands personnages exécutés en vertu des résolutions des assemblées.

Voici, dans l'ordre où ils sont placés, en commençant par la travée de la galerie qui part du cabinet de M. le Président du Sénat, la liste des bustes exposés actuellement, avec le nom de leur auteur :

Lafayette, par Bourgeois, 1883.
Hippolyte Carnot, par Cougny, 1891.
Maréchal Pélissier, par Crauk.
Challemel-Lacour, par A. Mercié, 1904.
Jules Ferry, par Puech, 1897.
Jules Simon, par Injalbert, 1897.
Général Chanzy, par Croisy, 1885.
Gambetta, par Falguière, 1885.
Lainé, par Lescorné.
Duc Decazes, par Crauk.
De Luynes, par V. Deseine.
Cuvier, par Huguenin.
Laplace, par Feuchère.
Victor Hugo, par Mercié, 1889.

Boissy d'Anglas, par Husson.
Lazare Carnot, par Roulleau, 1883.

Et en recommençant, à droite :

Lamartine, par Crauk, 1883.
Général Faidherbe, par Crauk, 1889.
Pastoret, par Dumont, 1859.
Sadi-Carnot, par Barrias, 1897.
Leroyer, par Marqueste, 1897.
Amiral Jauréguiberry, par Croisy, 1888.
Dufaure, par Barrias, 1886.
Thiers, par Chapu, 1884.
Mounier, par Dantan aîné.
Bougainville, par Goblet.
Tronchet, par Clodion.
Pasquier, par Crauk.
Ordener, par Julie Charpentier, 1810.
Portalis, par Lequesne.
Darcet, par Chaudet
Arago, par Carrier-Belleuse, 1883.

Par l'une des portes s'ouvrant sur la Galerie des Bustes, on accède, en descendant quelques marches, à la

Salle des Séances

Construite au milieu du siècle dernier, de 1837 à 1841, pour la Chambre des Pairs, trop à l'étroit dans la salle centrale du bâtiment principal, elle comporte un double hémicycle.

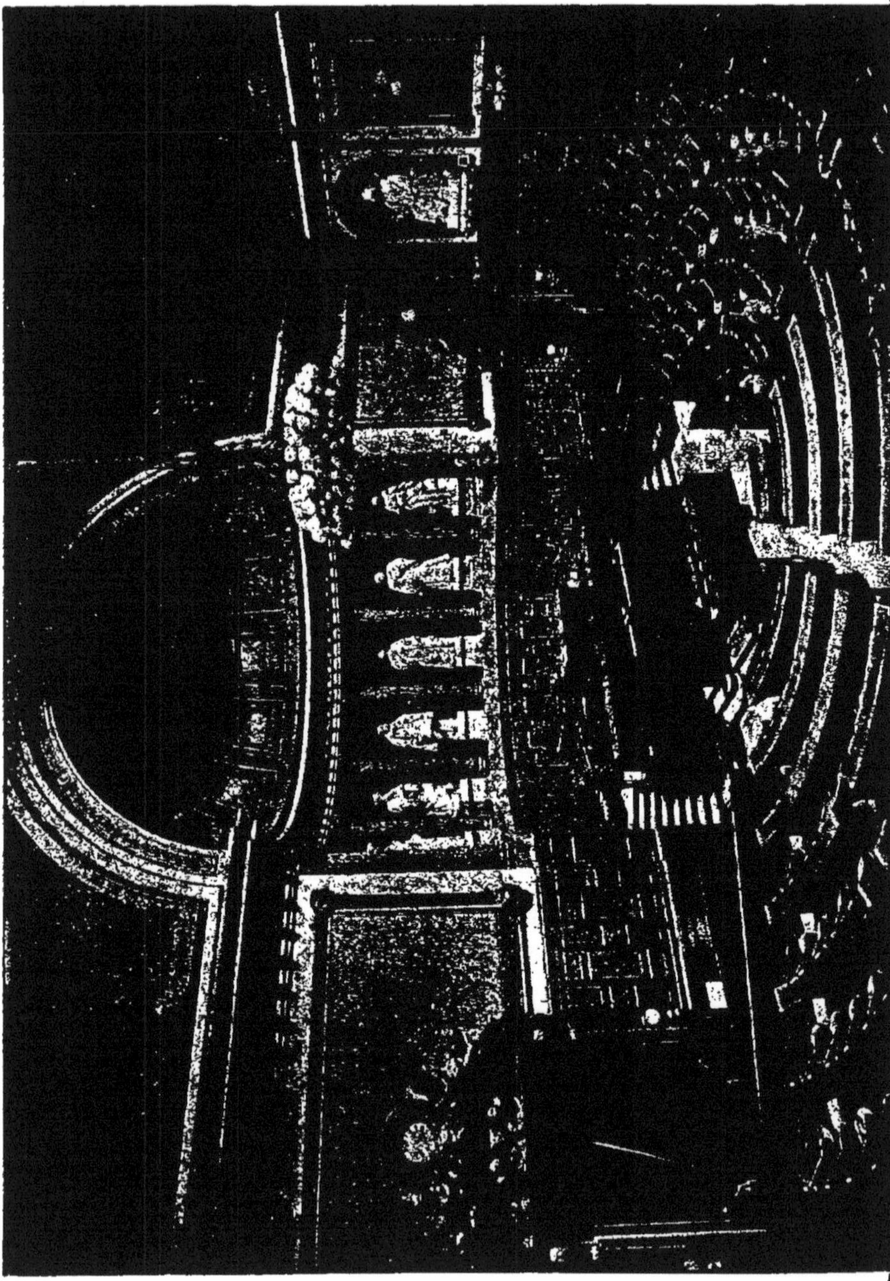

Le premier est réservé aux sénateurs et comporte 300 places.

Le second, dominant la salle, est réservé au Président et aux membres du Bureau du Sénat. Il est en sens inverse de l'autre et d'un diamètre plus petit.

Eclairée par un plafond vitré, d'où descend un lustre à l'électricité, la salle a 28 mètres de diamètre sur 17 de profondeur. Soit 4 de moins que la Salle des Séances de la Chambre des Députés.

800 places environ sont réservées au public dans deux étages de galeries circulaires auxquelles on accède par des escaliers extérieurs à double évolution.

Dans la travée centrale se trouvent les tribunes réservées : aux Présidents de la République et du Sénat, aux membres du corps diplomatique, aux Ministres, aux Députés et aux grands Corps de l'Etat.

Dans la partie correspondante, à l'étage au-dessus, la presse.

Au bas de l'hémicycle, face à la tribune, le banc des ministres.

A droite, le banc des commissions.

Sur le pupitre de l'un de ces bancs, près de la sortie, a été fixée en 1903 la médaille frappée lors du centenaire de Victor Hugo pour rappeler la place où le poète venait s'asseoir de préférence lorsqu'il faisait partie de l'Assemblée.

Au pied de la tribune, se trouve le banc réservé aux secrétaires-rédacteurs chargés du compte rendu analytique des débats.

De chaque côté, un pupitre pour les sténographes, qui écrivent debout.

La décoration de la salle est fort riche.

Dans l'hémicycle où siège le Président, dans les entre-colonnements, sept statues en marbre et en pied. Ce sont celles de :

Michel de l'Hopital, chancelier de France sous Charles IX, par Valois, l'auteur du bas-relief qui orne la façade de la Fontaine du jardin, sur la rue de Médicis.

Mathieu Molé, premier Président du Parlement de Paris, garde des sceaux sous Louis XIV, par Barre.

Colbert, contrôleur général sous Louis XIV, par Debay père;

D'Aguesseau, chancelier de France sous Louis XIV, par Maindron ;

Malesherbes, ministre de Louis XVI, par Bra ;

Turgot, contrôleur général des finances sous Louis XVI, par Legendre Hérat ;

Portalis, ministre du premier Empire, par Ramus.

Dans la salle même, deux statues en marbre ont été placées dans des niches. L'une à l'Ouest, est d'Etex. Elle représente *Charlemagne*. L'autre est à l'Est. Elle est de M. Dumont. C'est *Saint Louis*.

Quatre bustes en marbre ont été placés sur les consoles adossées au grand hémicycle de la salle. Ce sont ceux des maréchaux *Masséna* par Mercier, *Lannes* par Jean Debay, *Mortier* par Brian et *Gouvion Saint-Cyr* par Husson.

Au-dessus de l'entablement, dans deux grands compartiments, *le couronnement de Philippe le Long, frère de Louis X le Hutin*, par Blondel et, à droite, en regardant la Tribune, les *Etats de Tours en 1506*, par le même.

A la voûte, Abel de Pujol a peint quatre grands pendentifs :

La Sagesse et la Prudence concourant à la rédaction des Lois ;

La Force s'appuyant sur la Loi ;

La Justice protégeant l'Innocence ;

Le Serment de fidélité à la Patrie.

Dans les trois grandes pénétrations de la voûte, des compositions de Vauchelet :

A l'Est, *la Prudence;* au centre, *la Vérité;* à l'Ouest, *la Force protectrice.*

Enfin MM. Adam ont peint en camaïeu dans les six caissons de la partie supérieure de la

Salle des Séances. — La Tribune, 1905.

voûte, les médaillons de *Charles V*, *Louis XII*, *François Ier*, *Louis XIV*, *Napoléon* et *Louis XVIII*.

Enfin, au mur, des boiseries sculptées par MM. Klagmann, Helschoet, Triquetti, Walet et Hubert.

Dans le pourtour de la salle, trois issues sont ménagées donnant accès aux

Couloirs

Ces couloirs, éclairés latéralement, desseivis par deux escaliers, ont été peints au ripolin en 1904. Ils sont garnis de portemanteaux.

Ils nous ramènent dans la Galerie des Bustes en passant, à gauche, devant un lavabo ; à droite devant un autre lavabo, le salon de coiffure et la

Salle des Journalistes

Eclairée par un plafond vitré.

Cette salle communique aux galeries de la salle par un escalier intérieur, qui accède également près du bureau de poste.

En quittant la Galerie des Bustes, partie Est, nous arrivons dans la

Salle d'attente

Réservée au public.

Cette salle, pour la décoration de laquelle M. Victor Marec termine en ce moment trois grandes compositions représentant :

La terrasse du Luxembourg,

L'allée des Platanes,

La Fontaine Médicis,

Est ornée d'un grand vase de Sèvres et de deux statues en plâtre de *Scipion* par Ramey et d'*Epaminondas* par Meynier, qui avaient été exécutées au commencement du XIXe siècle pour orner la Salle des Séances du Sénat Conservateur.

Par un étroit couloir, aboutissant dans son axe, et séparant la Salle des Conférences de la Salle de la Commission des finances, nous arrivons à un escalier qui montait autrefois jusqu'aux combles.

Cet escalier s'arrête à l'étage. Sa cage est ornée de moulages de statues antiques et son palier de bustes en bronze sur piédestaux en marbre.

A gauche, pour la symétrie, une fenêtre a été aveuglée par une porte. L'espace compris entre la fenêtre et cette porte a été utilisé pour un dépôt de bois.

A droite, on entre dans une pièce richement décorée, qui servait autrefois de vestibule au musée, et qu'on appelle la

Salle Jeanne-Hachette

Parce que, au-dessus de la cheminée, se dresse la statue de l'Héroïne par Bonassieux.

Deux autres statues sont placées en face.

L'une est une copie en marbre d'un antique. Elle est en partie dorée et représente un empereur romain.

L'autre est moderne. C'est *Flore*, par X...

Au plafond, une allégorie à la gloire des Arts, par Brune, l'auteur de plusieurs caissons de la Salle des Conférences.

Après avoir traversé un couloir où se dresse un vase pompéien, exécuté à Sèvres sur un modèle de Carrier-Belleuse, on trouve à gauche et à droite deux

Bureaux de Commission

Le premier, à gauche, est orné de divers tableaux provenant du musée du Luxembourg.

Au centre du panneau, une grande composition datée de 1875 : *Une conjuration aux premiers temps de Rome*, par Léon Glaize.

Vase de Sèvres.
Par CARRIER-BELLEUSE. — Décor de GOBERT.

Un carton de vitrail, par Luc-Olivier Merson.

Une *Dormeuse*, de Chavet.

Un paysage et une marine, de Lansyer.

Des paysages d'Allemand, Ricois, Auguste Belly, Bruandet et une composition historique de Devédeux.

Dans le bureau à droite, des tableaux de la même provenance :

Saint-Cuthbert, triptyque par E. Duez.

Le Bourget et *l'attaque d'une maison barricadée* à Villersexel, par de Neuville;

Le jardin du Luxembourg, par Dupuy ;

Les funérailles au Colombarium par Hector Leroux.

Pénétrons maintenant dans la

Galerie Est

La Galerie Est, qui sert actuellement d'annexe à la Bibliothèque, devait être décorée par Rubens. D'accord avec Marie de Médicis, le maître d'Anvers pensait y écrire la vie d'Henri IV. Il n'exécuta que quelques esquisses dont quelques-unes sont au musée de Munich.

La galerie ne fut mise en état qu'au commencement du XVIIIe siècle, quand Louis XIV y installa des visiteurs royaux de passage. La duchesse de Berry y donna un festin resté fameux. En 1750, M. de Tournehem y installa le musée du Luxembourg qui, fermé en 1780, à la demande du comte de Provence (plus tard Louis XVIII), fut rouvert en 1803 et y resta jusqu'en 1880, date où il fut transféré dans l'Orangerie nord du jardin.

La voûte de cette galerie était décorée par douze compositions de Jordaens, représentant les *douze signes du Zodiaque*. Ces douze compositions avaient été exécutées par le maître pour orner son hôtel d'Anvers. Déposées, à la suite de la vente de cet hôtel, elles furent rachetées en 1803 par l'administration du Sénat Conservateur et placées à la voûte de la galerie à une hauteur supérieure à celle pour laquelle elles avaient été exécutées. Quelques-unes ont beaucoup souffert. Il en est même qui ont été déchirées à la suite des mouvements de la voussure. Le plus souvent les jours latéraux empêchaient de les voir. Récemment, ces toiles ont été déposées. Elles seront restaurées pour décorer une salle du Palais qui recevrait à bon droit le nom de *Salle Jordaens*.

Entre chaque série de six de ces compositions, s'allonge un plafond central de Callet (1741-1823), auteur d'autres plafonds à Versailles, à Gênes, du portrait du comte de Provence et

d'autres tableaux conservés au Louvre. Il est également en mauvais état.

Des Grisailles allégoriques à la gloire de Rubens et du Poussin ornaient autrefois le haut des murs de chaque extrémité. Elles n'ont pas été conservées, vu leur notoire médiocrité.

En revanche, entre deux fenêtres, on a fixé au mur une mosaïque romaine trouvée par M. Gauckler à Carthage et par lui offerte au Sénat.

Descendons maintenant au rez-de-chaussée, nous trouverons à droite la

Salle du Livre d'Or

C'est à tort qu'on appelle communément cette salle, voisine de la chapelle, *Salle de Marie de Médicis*. Marie de Médicis n'a jamais habité ni cette pièce, ni même cette aile du Palais, encore inachevée à sa mort. — Cette salle a été inaugurée, comme le porte le millésime MDCCCXVII inscrit au plafond, en 1817, et décorée conformément aux idées que Chalgrin avait formulées, à l'aide de panneaux peints provenant soit du Luxembourg lui-même, soit du Louvre et sauvés ainsi de la destruction. Elle contenait le *Livre d'Or*, registre d'état civil des membres des familles régnantes.

Elle comporte une galerie avec pilastres qua-

La s

(Cliché Neurdein)

d'Or.

drangulaires à chapiteau corinthien. Au fond, face aux fenêtres, neuf panneaux à glace, avec médaillons allégoriques attribués à Van Thulden et Van Huden. Derrière, des armoires servant de médailliers. Sur les murs latéraux, des arabesques sur fonds d'or, avec figures de Jean d'Udine.

Au plafond, encadré de portraits, de figures d'enfants, l'*Apothéose de Marie de Médicis*, par Jean Mosnier (1600-1650), l'auteur de l'allégorie qui orne également le plafond de la galerie adjacente.

La Chapelle

A été aménagée par M. A. de Gisors pour l'usage de la Chambre des Pairs. L'architecte avait englobé quatre des arcades ajourées de l'aile Est, en condamnant les ouvertures sur le jardin. Dans ces arcades ont été placés quatre tableaux de Jean Gigoux (1809-1900), peintre d'histoire, auteur des portraits célèbres de Fourier et du Général Donzelot, illustrateur fertile de la période romantique.

Ces quatre toiles représentent *Saint Philippe apôtre guérissant un malade*, *Saint Louis pardonnant aux Révoltés* après Taillebourg, *Saint*

Louis en Palestine enterrant les morts, Le mariage de la Vierge.

A la voûte, Théophile Vauchelet (1802-1873), peintre d'histoire également, élève d'Abel de Pujol et d'Hersent, a peint les quatre évangélistes : *saint Marc, saint Luc, saint Mathieu* et *saint Jean.*

Abel de Pujol (1785-1861), élève de David, l'auteur des *Grisailles* de la Bourse, a peint sur le mur du fond un sujet tiré de l'Apocalypse: un trône dans le ciel, autour duquel chantent des vieillards couronnés.

Sous la voûte qui réunit l'autel à l'escalier d'accès, une *Adoration des Bergers,* de Carlo Marati (1625-1713), qui restaura à Rome les peintures de Raphaël.

Enfin, dans l'évidement des fenêtres, les originaux en plâtre des quatre statues de Pradier (1792-1852) qui couronnent l'entablement du pavillon central sur le jardin : La *Sagesse,* l'*Eloquence,* la *Prudence* et la *Justice.* Les statues en place ont été taillées dans la pierre par Crauk, celles du début, exécutées sous la direction de Pradier, s'étant effritées et ayant dû être déposées en 1885.

La Salle Berthélemy

De la Galerie de Rubens, l'architecte Chalgrin avait, dans son plan de remaniement du Palais, fait deux parts. L'une, vers le premier pavillon du bâtiment principal, devait loger le nouvel escalier d'honneur. L'autre, vers la rue de Vaugirard, était morcelée en quatre pièces affectées au musée de peinture rouvert en 1803. Dans la troisième, en partant de la rue de Vaugirard, étaient exposées les vues des grands ports de France, de Joseph Vernet. Le peintre Berthélemy (né à Laon le 5 mars 1743, mort à Paris le 1er mars 1811) a peint au plafond une allégorie : le *triomphe de la Philosophie*, dont les claires colorations jettent dans cette salle une note de jeunesse. L'encadrement, peint à même, en a été dessiné par Chalgrin et les camaïeux des voussures par Pierre-François Lesueur (né à Paris en 1757), d'après les esquisses de Berthélemy. L'une des figures du plafond rappellerait les traits de Mme Chalgrin.

Berthélemy n'était pas un grand peintre. Son plafond du Luxembourg est pourtant une œuvre intéressante. Elle conserve l'empreinte de l'école de la fin du XVIIIe siècle que David s'était employé à détrôner. Et puis c'est à Berthélemy

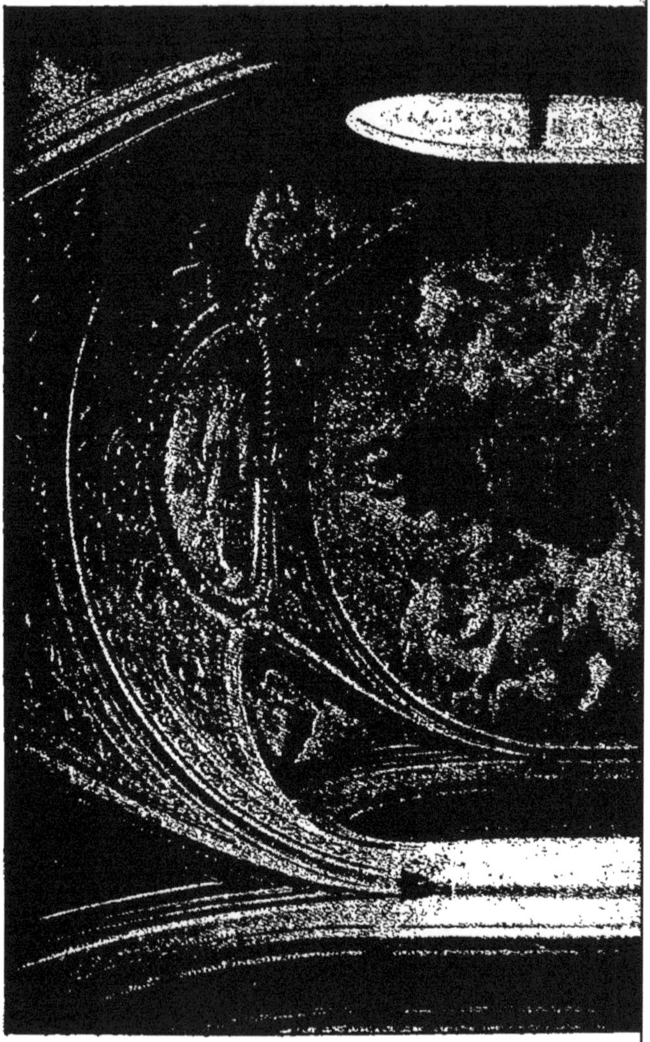

La Chapelle de la Chambre des Paris.

que nous sommes redevables en grande partie des chefs-d'œuvre de l'école italienne qui sont au Louvre. Il fit, en effet, partie avec le sculpteur Moitte, Monge et Bertholet, de la commission

Le triomphe de la Philosophie, par BERTHÉLEMY.

que Bonaparte avait chargée de recueillir en Italie les œuvres d'art dont il avait stipulé l'abandon à la France. Il était le seul peintre de cette commission artistique, où l'élève de l'école de Brienne avait fait entrer des mathématiciens ! Disons cependant que la science de ceux-ci fut mise, en cette affaire, à contribution. Monge indiqua à ses collègues des procédés pratiques pour la dépose et le rentoilage des toiles que le temps avait endommagées et si nous sommes redevables au peintre Berthélemy et au sculpteur Moitte des chefs-d'œuvre qui font l'orgueil du Louvre, nous devons aux savants qui furent leurs collaborateurs de nous les avoir fait parvenir dans les meilleures conditions.

La Cour d'Honneur

La cour du Palais a une largeur de 59 m. 40, sur 70 m. 38 de profondeur.

Elle se composait autrefois de deux parties : la cour proprement dite et, à l'alignement des deux premiers pavillons d'angle, une terrasse élevée d'environ un mètre au-dessus du sol de l'autre cour et à laquelle on accédait par un perron demi-circulaire. Une balustrade en marbre blanc, avec piédestaux supportant des statues, lui servait de couronnement.

Cette terrasse a été supprimée au commencement du siècle dernier. Elle a été remplacée par un escalier en pierre, de la largeur de l'avant-corps central.

Sur le devant, deux statues en marbre blanc : celle de Montesquieu par Nanteuil et celle

Statue de De Brosse au Palais du Luxembourg.

d'Etienne Pasquier par Foyatier, qui ornaient autrefois les deux extrémités de la Bibliothèque.

Au pied de l'escalier extérieur, desservant l'aile Ouest, aménagé à la même époque, se trouvent deux autres statues. Ce sont celles de Sully, par A. Moine (1846) et celle de de Brosse, l'architecte qui a construit le Palais pour Marie de Médicis.

La baie correspondante, dans l'aile Est, sert de passage et dessert : à droite la chapelle, en face le jardin, à gauche le corps de garde.

Un peu plus loin, la bascule qui sert à peser le chauffage.

Au centre de la cour, dans son axe, à une profondeur variant de 2 à 4 mètres, passe l'égout du Palais, construit en 1904, et qui va rejoindre l'égout de la rue de Vaugirard.

Les fouilles ont mis au jour des morceaux de poteries gallo-romaines et de l'époque payenne, ainsi que des débris d'animaux qui prouvent que, sur l'emplacement du Palais, se trouvait une voirie.

Ajoutons que diverses découvertes antérieures ont amené à penser que le Palais du Luxembourg et le jardin qui l'encadre occupent l'emplacement d'un

Camp aménagé par les Romains

Aux premiers siècles de notre ère.

Il ne s'agit pas évidemment d'un camp de marche, ou d'hivernage, mais bien d'un camp de position, d'un gîte d'étape, d'une sorte de caserne, de dépôt militaire que les Romains appelaient *Castrum Stativum.*

En racontant la scène qui aboutit à la proclamation de Julien comme Auguste, Ammien Marcellin nous fait connaître l'existence de ce camp, installé dans le Champ de Mars où manœuvrait la garnison de Lutèce. « Un ordre de Julien, dit-il, — à qui Constance réclamait pour Rome des renforts prélevés sur les effectifs de la Gaule, — convoqua toutes les troupes dans le Champ de Mars. Et, déployant lui-même en cette occasion plus de solennité que de coutume, Julien monta sur son tribunal décoré d'aigles et d'étendards, et environné de tous côtés de cohortes bien armées (1). »

Une mosaïque circulaire découverte en 1801, dans le voisinage du grand bassin actuel (2), mosaïque commune, composée de cubes inégaux avec bordure polychrome, constituait peut-être

(1) Ammien Marcellin, livre XX, ch. V.
(2) Grivaud, II, 113, 132 et planches.

l'aire du tribunal d'où Julien haranguait les troupes, composées de Celtes et de Pétulants.

Il est certain d'ailleurs que le camp était à proximité du Palais des Thermes. En rendant compte des événements qui accompagnèrent l'élévation de Julien à l'Empire, Zozime (1) raconte que, le soir où ils manifestèrent, les soldats « soupaient aux environs du Palais. » De leur camp, ils coururent aux Thermes, « le verre à la main », en gens pressés mais surtout en voisins.

Chargées de veiller au maintien de l'ordre dans la Cité, à la sécurité du Préfet des Gaules et des gens de sa maison, les cohortes devaient être à proximité et, puisque les accidents de terrain le permettaient, en un lieu élevé d'où l'œil pouvait embrasser le Palais, les Arènes, le Théâtre, le Temple de Jupiter qui s'élevait là où est Notre-Dame, les ponts qui reliaient la grande voie vers Reims, Senlis, Beauvais au nord, Orléans et Dreux à l'opposé.

Des fouilles conduites avec méthode auraient peut-être converti en certitude une hypothèse basée sur les récits des historiens contemporains que nous venons de citer, sur la découverte de la mosaïque et les enseignements de la topo-

(1) Livre III.

graphie elle-même. Mais aucune de celles qui y ont été faites, pour les besoins de la construction du Palais et des aménagements du jardin, n'a été surveillée.

Aucun document du XVIIe siècle ne nous renseigne sur ce qu'on trouva dans les tranchées faites pour asseoir les fondations du Palais. Nous savons seulement, par Sauval, qu'on rencontra une statuette de Mercure en bronze (1).

Plus tard, au XVIIIe siècle, M. de Caylus trouva à l'angle du Palais, côté de l'Est, une statuette d'Apollon en bronze.

En 1801, lorsqu'on a abaissé le niveau de la Terrasse parallèle à la rue d'Enfer, depuis la Fontaine de Marie de Médicis jusqu'au mur de l'Hôtel Quatremer (aujourd'hui Ecole des Mines), on trouva une foule d'objets fort divers: ustensiles de table, de cuisine, de toilette; des pièces d'équipement militaire et une suite de médailles de César à Honorius (2).

En 1811, lorsqu'on baissa le sol du parterre pour régulariser la perspective montante vers l'Observatoire, — en 1817, lorsqu'on défricha le jardin à l'Est du Palais, on trouva un grand nombre de fragments de poteries romaines.

En 1836, lorsqu'on pratiqua les fouilles né-

(1) Sauval, *Antiquités de Paris*, t. II. p. 345.

(2) Grivaud. — 1807

cessaires à l'agrandissement du Palais au Sud, M. Alphonse de Gisors trouva, outre des figurines en pierre et des poteries romaines, des meules à bras, un masque de cuivre, des boucles de ceinturons et d'autres fragments métalliques.

En 1838, en jetant les fondations de l'Orangerie, M. de Gisors trouva dans une cachette formée de cinq briques romaines avec une feuille d'argent servant de couvercle, 900 médailles d'Auguste à Volusien.

Enfin en 1903, en creusant, dans la Cour d'Honneur, une tranchée de 4 mètres de profondeur moyenne, on trouva, dans une couche de remblai qui mesure 2 m. 50, des ossements d'animaux, des débris de poteries, les unes communes, rouges et noires, les autres plus fines, rouges avec ornementations florales et géométriques, et le cachet du fabricant, ainsi qu'un tube rectangulaire, en poterie creuse, avec deux ouvertures latérales, qui paraît être un conduit de chaleur.

Il semble bien résulter de la nature des terres et des débris qu'elles contenaient que les fouilles ont traversé, cette fois, un simple dépôt d'immondices dans lequel aucun objet métallique n'a été recueilli (1).

(1) M. Eugène Toulouze a fait sur ces découvertes, à la Société historique du 6e arrondissement, une fort intéressante communication.

Terminons par un peu de

Statistique

La façade principale du Palais, d'après les relevés de M. de Gisors, a, sur la rue de Tournon, 89 m. 30.

Sa plus grande élévation, prise du dessus du trottoir, est de 21 m.

Au Midi, la façade sur le jardin, a une longueur de 89 m. 84.

Sa plus grande élévation au-dessus du trottoir est de 21 m. 70.

Les façades latérales à l'Est et à l'Ouest ont une longueur de 149 m. 10.

La surface générale du Palais, cours comprises, est de 11.991 m., dont 7.706 construits.

CHAPITRE III

Le Petit-Luxembourg

Le Petit-Luxembourg comprend deux corps de bâtiment dont la destination présente est bien distincte.

Le premier, à droite, est l'Hôtel de M. le Président du Sénat. Il comprend, au rez-de-chaussée, un salon d'attente, le Cabinet du chef de cabinet, le Cabinet de M. le Président, et, à l'étage, les appartements privés de ce dernier.

Le second est dénommé présentement : *appartements de réception,* parce que c'est là que se font les dîners et réceptions officiels.

Ces deux corps de bâtiment, reliés par une galerie, sous laquelle s'ouvre une grande porte, donnant accès à la cour d'honneur du Petit Pa-

La Fontaine du Petit Luxembourg.

lais, ont été construits par Marie de Médicis sur l'emplacement d'immeubles par elle acquis tant du duc de Piney-Luxembourg que de Me de Cossy, huissier des requêtes du Palais, pour y loger Richelieu, qu'elle avait pris pour aumônier en 1615, qu'elle avait, en 1617, emmené à Blois et qui, en 1622, avait reçu le chapeau cardinalice.

D'après les désignations des titres, il semblerait que le bâtiment à droite, adossé au couvent des Bénédictines et qui n'est pas excavé, servait d'écuries et de communs.

Le bâtiment à gauche, excavé celui-là, servait d'habitation.

Le 28 juin 1627, Marie de Médicis fit donation de ce domaine à Richelieu, sous la réserve expresse que s'il plaisait *au Roi* de réunir le Petit-Luxembourg au Grand, qu'elle entendait « amener à la couronne », la donation serait révoquée et qu'une indemnité de 90.000 livres serait payée au cardinal ou à ses héritiers.

Le 25 avril 1639, Richelieu donna le Petit-Luxembourg à sa nièce, Marie de Vignerot, qui avait épousé M. de Combalet, duc d'Aiguillon, à charge de réversion entre les mains de celui de ses neveux à lui auquel il donnerait son duché de Fronsac.

Cette réversion, Richelieu la répéta dans son testament daté du 23 mai 1642 (1).

Le neveu qui devait hériter du duché de Fronsac, était Armand de Maillé Brézé, fils du marquis de Brézé et de Nicole du Plessis, la seconde sœur du Cardinal.

Cet Armand de Maillé étant mort en 1646, c'est-à-dire 29 ans avant madame la duchesse d'Aiguillon, le Petit-Luxembourg échut, en

(1) Je donne et lègue, y dit-il, à madame la duchesse d'Aiguillon, ma nièce, fille de défunt René de Vignerot et de dame Françoise du Plessis, ma sœur aînée, pour tous les droits qu'elle pourrait avoir et prétendre en tous les biens de ma succession : outre ce, je lui ai donné par son contrat de mariage, et en ce, je l'institue mon héritière, savoir : *la maison où elle loge à présent, vulgairement appelée le Petit-Luxembourg, sise au faubourg Saint-Germain joignant le Palais de la Reine, mère du Roi*, ma maison et terre de Ruel, et tout le bien en fonds de terre et droits sur le Roi, que j'ai et aurai audit lieu, lors de mon décès, tant de celui que j'avois il y a quelque temps, que de tout ce que j'ai acquis par l'échange de M. l'abbé et des religieux de Saint-Denis en France, à la charge qu'après son décès, ma dite maison de Ruel, avec ses appartenances et lesdits droits sur le Roi, reviendront à celui des enfants mâles de mon neveu du Pont de Courlay, qui sera mon héritier, et qui portera le nom et armes de Richelieu, à la charge des institutions et substitutions qui seront ci-après apposées ; *et quant à la maison dite vulgairement le Petit-Luxembourg elle appartiendra, après le décès de madite nièce la duchesse d'Aiguillon, à celui qui sera duc de Fronsac, aux conditions d'institutions et substitutions qui seront ci-après apposées...*

Item, je donne et lègue à madite nièce la duchesse d'Aiguillon, *tous les cristaux, tableaux et autres pièces qui sont à présent ou pourront être ci-après, lors de mon décès, dans le cabinet principal de ladite maison vulgairement dite le Petit-Luxembourg*, et *qui y servent d'ornement*, sans y comprendre l'argenterie du buffet, dont j'ai déjà disposé, qui pourrait y être lors de mon décès. *(Mémoires de Richelieu*, Collection Petitot, t. I, p. 127 et 134).

vertu d'une disposition du testament du Cardinal, à son petit-neveu, Armand-Jean de Vignerot du Plessis, duc de Richelieu, le fils de François de Vignerot, fils lui-même de la première sœur du Cardinal, Françoise du Plessis.

Pour mettre fin à des contestations sur le règlement de la succession du Cardinal, une transaction intervint, à la date du 27 mai 1674, entre le duc de Richelieu et le prince de Condé, comme époux de Claire Clémence de Maillé-Brézé fille de Nicole du Plessis, la deuxième sœur de Richelieu. Aux termes de cette transaction, le Petit-Luxembourg passa aux mains des Condé, moyennant paiement de 100.000 livres et y resta jusqu'à l'époque de la Révolution.

A la mort du Grand Condé, le Petit-Luxembourg devint la propriété de Henri-Jules de Bourbon Condé, son fils. Sa veuve, Anne, palatine de Bavière, le fit restaurer, transformer et décorer par l'architecte Boffrand. Par une voie souterraine, elle le réunit aux communs qu'elle fit édifier de l'autre côté de la rue de Vaugirard, sur un terrain qui avait appartenu successivement au duc de Piney-Luxembourg, au maréchal d'Ancre et à Marie de Médicis.

En 1768, le prince de Condé loua le Petit-Luxembourg au comte de Mercy-Argenteau, ambassadeur d'Autriche à Paris. Puis, en 1778, lors-

Le Petit-I

.. — La Serre.

que le Luxembourg et ses dépendances furent attribués en apanage au comte de Provence, frère de Louis XVI, le Petit-Luxembourg fut donné à bail à Monsieur, moyennant un loyer annuel de 25.000.

C'est de là que Monsieur partit dans la nuit du 20 au 21 juin 1791, pour gagner la Belgique.

Inoccupé pendant la Terreur, le Petit-Luxembourg devint, sous la constitution de l'an IV, le siège du Directoire. Quatre des directeurs s'y logèrent, pendant que Barras se cantonait au premier étage de l'aile Ouest du grand Palais, qui comprenait la galerie de Rubens.

Le 20 brumaire an VIII (11 nov. 1799), Bonaparte, nommé Consul, vint habiter avec Joséphine, à côté de Siéyès et de Roger-Ducos, qui y étaient déjà installés. Il le quitta trois mois plus tard, pour les Tuileries (19 février 1800).

Le 20 février 1801, le Sénat ayant pris possession du Palais du Luxembourg, qu'on aménageait à son intention, tint provisoirement ses séances au Petit-Luxembourg jusqu'en 1804.

Affecté au logement des grands dignitaires de l'Empire, le Petit-Luxembourg fut habité ensuite par Laplace, grand chancelier du Sénat, par le prince Joseph, le frère de Napoléon, et grand électeur.

Le 25 juillet 1814, le Petit-Luxembourg, res-

Le Petit-Luxembourg. — Vu du jardin du Président.

titué au prince de Condé en exécution d'une ordonnance de Louis XVIII, fut loué pour 12 ans, moyennant 23.000 fr. à la Direction générale des mines. Mais en 1816, à la suite d'une autre ordonnance du roi, et du consentement du prince de Condé, le bail fut rétrocédé à la Chambre des Pairs.

Le 8 octobre 1825, par acte passé devant Mᵉ Péan de Saint-Gilles, le prince de Condé, qui devait au Trésor une somme de 550.000 fr. pour acquisition de divers bois ayant fait partie du domaine extraordinaire, céda la propriété du Petit-Luxembourg au roi, moyennant la somme de 575.000 francs.

Le roi l'affecta au service de la Chambre des Pairs.

Le Chancelier de France, Président de la Chambre des Pairs, qui y était installé depuis 1815, continua à y résider.

Puis ce furent, en 1848, les membres du Gouvernement Provisoire; de 1852 à 1870, les Présidents du Sénat du second Empire; après la guerre, le Préfet de la Seine et, depuis 1879, le Président du Sénat de la Troisième République.

Accolés à la construction affectée à la résidence du Président du Sénat, restent trois vestiges de l'ancien couvent des Filles du Calvaire,

La porte de la chapelle du Petit-Luxembourg,
sur la rue de Vaugirard.

ordre religieux fondé à Poitiers en 1617 et que Marie de Médicis avait protégé.

La Chapelle,

La Salle du Chapitre,

Le Cloître.

La Chapelle fut construite par Marie de Médicis en 1625.

L'intérieur était orné de quatre tableaux de Philippe de Champaigne. Ces tableaux ont été remplacés par des copies dont deux, la *Vierge* et le *Christ*, ont été exécutées en 1855, par une artiste niortaise, élève d'Amaury-Duval, Mlle Philippain, que protégeait la grande-duchesse de Bade et dont on voit, au Palais de Versailles, un portrait de Custine.

En mai 1891, le Président du Sénat — c'était alors M. Leroyer — accorda à Mgr Hoyeck, archevêque d'Arca, l'autorisation d'utiliser cette chapelle pour la célébration du culte maronite. Mais en 1902, l'officiant, M. l'abbé Basbous, dut renoncer à cette autorisation.

La salle attenante, qui formait la salle du chapitre, comporte, sur la rue de Vaugirard, une façade dont le fronton est surmonté d'un groupe allégorique en pierre représentant le sacrifice du pélican. Elle sert aujourd'hui de salle de billard au Président du Sénat.

Le petit cloître, auquel on accède de cette

La chapelle du Petit-Luxembourg.

salle, par une très belle grille en fer forgé, a été transformé en serre au milieu du siècle dernier.

L'escalier qui mène aux appartements privés du Président (1) a été refait en 1893, époque où il fallut réfectionner en fer les planchers. Il est en bois de teck. Sa partie supérieure est ornée de 3 tapisseries anciennes des Gobelins, dont le sujet a été tiré des fables de La Fontaine, par Oudry, l'auteur des cartons.

Au haut de l'escalier, se trouvent des moulages des bustes de Richelieu et de Mazarin, qui sont au Louvre. Au bas du même escalier, en avant d'une colonne en mosaïque faite à Sèvres d'après un modèle de M. Coquart et qui ornait autrefois le jardin, le *Ruisseau*, groupe en marbre de Larche (1894).

Traversons maintenant la cour et passons aux grands

Appartements de Réception

Ils présentent un vif intérêt.

Le rez-de-chaussée est affecté à la résidence du Secrétaire général de la Présidence.

On accède au premier étage par un escalier

(1) Il se trouve dans ces appartements une statue en marbre, *La Femme au papillon*, de Mme Léon Berteaux ; — une tête de femme par Jenny Weyl (1888) ; — des vases de Sèvres, des tableaux parmi lesquels un très beau Ziem, l'*esclave* de Boulanger, une aquarelle d'Heilbuth, etc.

monumental, construit par Boffrand en 1710, à la suite des remaniements exécutés dans l'Hôtel à la demande de la princesse palatine. Le plafond en a été peint en 1894 par M. Hippolyte Berteaux. — Le sujet est allégorique.

Au pied de cet escalier, trois marbres : l'*Eté*, par Jules Droz (1804-1871); le *Printemps*, par Jouffroy (1806-1882), exécuté en 1845; *Maternité*, par Parochon (1859).

Le groupe en marbre qui orne le palier n'est pas signé. Il paraît symboliser l'éducation maternelle.

A gauche, on entre dans un salon d'attente, tendu en vert, dans lequel se trouvent deux statues en marbre, l'une l'*Aurore*, par Dagonnet (1892), l'autre une *Bacchante*, par Delaplanche (1887).

La salle suivante, qui s'éclairait autrefois sur le jardin et en même temps sur la cour d'entrée, s'appelait au XVIIIe siècle, *la Salle des Portraits*. Il y en avait vingt, dont la plupart représentaient des Condé. Ces portraits furent enlevés à la Révolution et remplacés par des tapisseries, qui disparurent à leur tour, en 1815.

D'autres tapisseries les ont remplacées depuis.

Le salon, qui suit, est éclairé par quatre croisées. Au-dessus des portes, Boulogne-le-Cadet a peint les *quatre saisons*.

Au XVIIIe siècle, les murs étaient garnis de dix paysages avec animaux de Desportes. Le Directoire, qui donnait ses audiences dans ce salon, les respecta. Mais un état de lieux dressé en 1815 permet de constater qu'à cette date ces dix paysages avaient été enlevés.

La pièce ensuite, qu'on appelle aujourd'hui le *Salon vert*, parce qu'elle est tendue de damas vert, servait au XVIIIe siècle de chambre à coucher au comte de Provence. C'est de là que celui-ci partit, dans la nuit du 20 au 21 juin 1791, pour gagner la Belgique.

Le lit était placé en face des fenêtres, sur une estrade qui supportait quatre colonnes en bois. Il ne reste plus que deux de ces colonnes, celles qui avoisinent les murs.

La cheminée est Directoire. Mais il ne faudrait pas en conclure qu'elle fut placée là à la Révolution. Ce n'est qu'en 1815 qu'elle fut montée. Le propriétaire — le prince de Condé — avait besoin, pour d'autres localités, de la cheminée en marbre blanc statuaire qui y était depuis l'origine. Il la fit enlever et remplacer par celle que nous voyons aujourd'hui.

En poursuivant à droite, on accède dans une pièce qu'on appelle aujourd'hui le *Salon diplomatique* parce que, les jours de dîners diplomatiques, il est exclusivement réservé aux diplomates.

On voit dans cette salle le portrait de Napoléon Ier par Lefèvre, qui ornait la salle de réunion du Sénat Conservateur au grand Palais et la table de marbre sur laquelle a été transcrite en caractères de bronze la lettre que Napoléon écrivit d'Elchingen au Sénat, en 1805, en lui envoyant les drapeaux pris aux Autrichiens et aux Russes. Cette table avait été placée, à l'origine, dans la salle des séances du Sénat Conservateur, au grand Palais.

La Chambre, à côté, qui sert de fumoir, était, au XVIIIe siècle, une chambre à coucher d'hiver.

La salle à manger a été complètement remaniée au siècle dernier. Sa décoration est entièrement moderne.

Le Buffet, qui suit, était, au XVIIIe siècle, d'arrangement agréable. Il prenait jour sur l'escalier par une grande baie, condamnée aujourd'hui par une glace.

CHAPITRE IV

Le Jardin

Le jardin du Luxembourg, constitué par les diverses parcelles que Marie de Médicis avait acquises en vue de la construction du Palais, fut dessiné par de Brosse et planté avant que les fondations de l'édifice ne fussent commencées.

Il s'étendait parallèlement à la rue de Vaugirard jusqu'à la hauteur des rues de Fleurus et d'Enfer. Il était borné au Sud par le couvent des Chartreux, commencé sous saint Louis, démoli à la Révolution et dont il ne reste plus qu'un vestige, l'Hôtel du Prieur, en arrière du bâtiment neuf, en bordure du boulevard Saint-Michel, qui fait suite à l'Ecole des mines et qui porte le n° 64.

Sa magnificence correspondait à celle du Pa-

Le Luxembourg. — Façade sur le jardin.

lais. « Le parterre, dit M. A. de Gisors dans sa monographie, plus large, mais bien moins profond que celui d'aujourd'hui, était bordé de chaque côté par des plates-bandes ornées de fleurs et renfermées dans un double mur. L'un, à hauteur d'appui, était garni de balustres; l'autre, plus élevé, soutenant des terrasses, était décoré de petites cuves ou vasques en marbre de couleur, jetant de l'eau et communiquant entre elles au moyen de rigoles. Les terrasses étaient, suivant le goût de l'époque, plantées d'ifs et de buis découpés en formes bizarres. La bassin principal, placé au centre du parterre, était orné d'un groupe en plomb ».

Ouvert au public, le jardin devint bientôt la promenade favorite de tout le faubourg Saint-Germain. Les philosophes du XVIIIe siècle le fréquentèrent et, dans son *Neveu de Rameau*, Diderot rappelle quel plaisir il éprouvait à y aller rêver. On y vit assez régulièrement Jean-Jacques Rousseau, au temps de sa jeunesse, récitant des vers de Virgile, Bernardin de Saint-Pierre, lisant à un petit cénacle des pages écrites la veille, l'abbé Prévost, etc. Puis ce fut le tour des hommes de la Révolution.

De nombreuses transformations marquèrent la fin du XVIIIe siècle. M. de Gisors les précise en ces termes:

Lorsque la Convention nationale décida que le siège du Gouvernement serait établi au Luxembourg, elle ordonna en même temps des travaux considérables, dont le but était l'agrandissement du Jardin public. Vers la fin de l'an IV (1796) on détruisit, au midi, l'ancienne limite, qu'on agrandit dans toute la largeur, de l'est à l'ouest, d'une zone considérable de terrain prise aux dépens des bâtiments et du clos des Chartreux. On fit alors le mur de soutènement qui longe la grande pépinière. On commença en même temps, au moyen de remblais considérables, la magnifique avenue qui, de l'extrémité du parterre actuel, aboutit à l'Observatoire. En 1801, tous les arbres de la partie orientale du jardin furent renouvelés, et l'on planta entièrement la nouvelle zone de terrain provenant du clos des Chartreux. La disposition du parterre fut totalement changée. Aux murs en terrasse, aux balustrades et aux effets d'eau qui enrichissaient cette charmante décoration, succédèrent les talus en gazon et les grilles d'appui que nous voyons aujourd'hui. Les deux pelouses demi-circulaires, à droite et à gauche du bassin central, n'existaient point dans l'origine ; elles furent établies aux dépens des terrasses. On remplaça l'ancien bassin octogone par une pièce d'eau plus considérable présentant un parallélogramme : au centre fut placé un groupe d'enfants supportant une vasque, et à chacun des angles un groupe moins important (1).

Le parterre ainsi modifié avait été terminé par un escalier ou perron de dix marches, orné de statues,

(1) En 1840, le groupe principal a été replacé au centre du bassin actuel ; les quatre autres sont sur les piédestaux de la grande balustrade qui termine le parterre du côté de l'allée de l'Observatoire.

et par une grille ouverte sur la grande avenue de l'Observatoire. En 1802, on fit restaurer complètement la grotte de Médicis, dont la construction était depuis fort longtemps dans un état de dégradation complet.

En 1810 et 1811, les remblais, successivement accumulés sur l'emplacement de l'avenue de l'Observatoire, ayant atteint à peu près la hauteur du sol du jardin, permirent enfin d'y planter les quatre rangs d'arbres, qui en sont aujourd'hui le principal ornement. Tous ces travaux rendirent le jardin du Luxembourg une des plus belles promenades de la capitale; ils furent, comme ceux de l'intérieur du Palais, exécutés par l'architecte Chalgrin. A sa mort, son successeur, M. Baraguey, proposa et fit adopter le projet de supprimer le perron qui existait à l'extrémité du parterre, de changer les nivellements existants, et de baisser le sol inachevé de la nouvelle allée, de manière à n'avoir, depuis l'Observatoire jusqu'au Palais, qu'une seule ligne de pente sans ressaut. « Pour l'exé« cution de ce projet, dit Dulaure, il fallait opérer « plusieurs changements et remuer beaucoup de ter« rain. Ces difficultés n'arrêtèrent point; la grille « qui termine au midi cette avenue fut baissée de « quelques pieds ainsi que le sol environnant. On « établit une grille nouvelle, et celle qu'elle rempla« çait fut employée à l'entrée de l'Observatoire, et « adaptée à deux pavillons construits alors pour dé« corer cette entrée.

« Le sol de l'avenue fut, dans toute sa longueur, « plus ou moins baissé, suivant la ligne de pente. « L'abaissement fut plus considérable au point où « cette avenue se rapproche du parterre. Au lieu de

« l'escalier de dix marches on substitua trois marches « dessinées sur un vaste plan circulaire, qui se ter- « mine de chaque côté par un piédestal qui sert « d'acrotère à des balustrades. On baissa ensuite le sol « du parterre ainsi que celui qui avoisine la façade « du palais ; il fallut refaire le bassin, il le fut sur un « plan octogone et plus vaste.

A la suite de l'agrandissement du Palais, au milieu du siècle dernier, le jardin fut encore remanié. Les vieilles maisons qui en fermaient les abords disparurent pour faire place à une grille monumentale. Enfin le redressement de la rue de Médicis, du boulevard Saint-Michel, le prolongement de l'avenue de l'Observatoire et le percement de la rue Auguste-Comte lui donnèrent sa physionomie actuelle.

Une grotte, des pavillons, des boutiques, des statues, des monuments commémoratifs ajoutent à son pittoresque.

La grotte, construite par de Brosse, fut restaurée en 1845. Lorsqu'on démolit les maisons auxquelles elle était adossée, on lui refit une façade sur la rue de Médicis et on y plaça le bas-relief de *Léda* que le sculpteur Achille Valois (1785-1862) avait exécuté pour orner la fontaine de la rue du Regard.

Du côté du Palais, on substitua à la statue de la Vénus, qui avait été placée dès l'origine dans la niche centrale, un groupe moitié en bronze,

La grotte construite par de Brosse.

La Fontaine du Jardin.

moitié en marbre: *Polyphème surprenant Acis et Galatée*, par Ottin (1811-1890), exposé en plâtre au salon de 1852 et réexposé en 1855.

Polyphème est en fonte, le genou plié sur le rocher, au-dessous duquel Acis et Galatée, en marbre, se livrent à leurs ébats amoureux.

Dans les niches attenantes, deux statues en marbre du même artiste : *Jeune Faune*, *Jeune Chasseresse*.

Quant à la Vénus détrônée, elle est maintenant dans le jardin, à l'angle des rues de Vaugirard et du Luxembourg, juchée sur un fût de colonne qui provient des Tuileries.

Le pavillon qui l'avoisine a été construit au milieu du siècle dernier pour servir de corps de garde. Cette destination explique la grande baie en plein cintre, qui se trouve en façade de la rue du Luxembourg.

Ce pavillon est affecté à l'architecte du Sénat.

A l'autre extrémité du jardin, en face de la rue Vavin, Davioud, architecte de la Ville de Paris, a construit un autre pavillon. Le rez-de-chaussée est utilisé pour des conférences, notamment pour les conférences d'arboriculture faites par le jardinier en chef du Sénat. La pépinière qui se trouve à proximité de ce pavillon sert de champ de démonstration.

Il se fait aussi, dans ce pavillon, un cours

Le Pavillon Davioud.

d'aviculture. Un rucher, installé dans un massif voisin, sert à son tour pour les démonstrations pratiques.

De-ci, de-là, des boutiques où l'on débite des rafraîchissements, des friandises pour les enfants, des jouets; des manèges; des tracés pour les jeux; un kiosque où les musiques militaires viennent donner des concerts.

Boutiques, manèges, etc., tout paie redevance au Domaine. Et le fermier de la location des chaises paie au même Domaine une redevance dont le prix est déterminé par voie d'adjudication.

Le nombre des statues éparses dans le jardin est considérable.

Voici l'énumération de celles qui ornent les terrasses et les pelouses entourant le bassin, en commençant par la terrasse de droite, face à l'Observatoire et à partir du Palais:

Sainte Clotilde, par Klagmann, 1847.
Marguerite de Provence, par Husson, 1847.
Anne de Bretagne, par Debay, 1847.
Anne d'Autriche, par Ramus, 1847.
Blanche de Castille, par A. Dumont, 1850.
Anne de Beaujeu, par Gatteaux, 1846.
Valentine de Milan, par Huguenin, 1846.
Marguerite de Valois, par Lescorné, 1847.
Marie de Médicis, par Caillouette, 1847.
Louise de Noves, par Ottin, 1850.

Sur la terrasse, à gauche, face à l'Observatoire, à partir du Palais:

Sainte Bathilde, par Thérasse, 1848.
Berthe, par Oudiné, 1848.
La reine Mathilde, par Elschoect, 1850.
Sainte Geneviève, par Mercier, 1845.
Marie Stuart, par Feuchère, 1846.
Jeanne d'Albret, par Brian, 1848.
Clémence Isaure, par Préault, 1848.
Mlle de Montpensier, par Demesmay, 1848.
Louise de Savoie, par Clésinger, 1847.
Marguerite d'Anjou, par Taluet, 1895.

Dans le parterre qui s'allonge en bordure de la resserre du jardin, contiguë à l'Ecole des mines, se trouve la *Velléda* de Maindron (1801-1884), exposée en plâtre 1839.

En 1843, l'Etat commanda à l'artiste le marbre de cette statue, moyennant 12.000 fr. Exposé au Salon de 1844, il fut placé dans la Pépinière, puis, après les remaniements nécessités par l'établissement de la rue Auguste-Comte, transporté, sur la terrasse, pour remplacer la *Jeanne d'Arc* de Rude, aujourd'hui au Louvre. Plus tard, la *Velléda* fut transportée dans le pourtour du musée et enfin, en 1892, là où elle est actuellement.

En 1869, une seconde réplique fut commandée à l'artiste. Après avoir été exposée au musée du

Luxembourg, elle fut placée dans le jardin des Tuileries, près du Pavillon de Flore.

L'original en plâtre est au musée d'Angers. Une autre épreuve en plâtre est au musée de Rennes.

En remontant dans la même travée, on trouve le *Marchand de Masques*, de Zacharie Astruc. Ces masques sont ceux de Corot, Alexandre Dumas, Berlioz, Carpeaux, Faure, Eugène Delacroix, Balzac, Barbey d'Aurevilly. Exposé en plâtre au Salon de 1882, il reparut en bronze au Salon de 1883.

A gauche, une autre statue en bronze attire l'attention. C'est celle du *Travail*, par Gautherin (Salon de 1884).

Dans les pelouses entourant le bassin octogone, on relève les statues suivantes:

Faisant face à la porte du Palais sur le jardin, *Bailly*, donnant lecture de la formule du serment à la salle du Jeu de Paume à Versailles, statue en bronze par Aubé.

En arrière, le *Gladiateur combattant*, copie en marbre d'après l'antique, exécutée à Rome en 1765 par Guiard.

Dans la pelouse en demi-cercle, à droite, sur un fût de colonne, *Vénus sortant du Bain*, copie d'après l'antique, par un inconnu.

Et dans le chemin circulaire, quatre statues

Le monument de Murger.

en marbre, non identifiées, et d'ailleurs sans intérêt: *Flore*, *Vénus au Dauphin*, *Junon*, *Minerve à la Chouette*.

Dans la pelouse en prolongement du bassin vers l'Observatoire, *Diane chasseresse*, copie d'après l'antique, par un inconnu. Et dans la direction du Palais, le *Discobole*, copie d'après l'antique par H. Lemaire, exposée au Salon de 1847 et acquise par l'Etat moyennant 12.000 fr.

Dans la pelouse demi-circulaire à droite, sur un fût de colonne, *David vainqueur de Goliath*, par un inconnu.

Dans le chemin qui la borde, quatre statues en marbre: *Marius*, par Victor Vilain (Salon de 1861); *Calliope*, par Pellicia (1848); *Vulcain présentant à Vénus les armes d'Enée*, par Bridan père (1777), et enfin *Flore*, par un inconnu.

Si nous entrons dans le jardin par la porte faisant face à l'Odéon, nous apercevons, à droite, dans le jardin réservé de l'un des trois questeurs: *Cérès*, *Pomone*, *Ganymède* et un *Faune*, non signés.

A gauche, le *Faune à l'amphore*, par Crauk; — le monument de *Murger*, par Th.-H. Bouillon (1895); — la *Première Famille*, par Garraud (1844); — le buste de *Banville*, par Roulleau (1892).

Le *Faune dansant*, faisant face au guichet de la rue Soufflot, est de Lequesne (1851).

En suivant:

Le monument de Leconte de Lisle.

Enfants, par Valois.

Monument de *Leconte de Lisle*, par Puech (1898).

Il dispetto, par Valette (1872).

La Bocca della verita, par Blanchard (1871).

Acteur grec, par Bourgeois (1868).

En entrant dans l'allée des Platanes, nous trouverons, à droite, le monument de *Delacroix*,

Le monument de Delacroix.

par Dalou, et comme sentinelles du Musée, *La Peinture*, statue en pierre de Franceschi et *La Sculpture*, autre statue en pierre d'Aimé Millet.

A gauche, dans le parterre des rosiers, *Au but*, de Boucher (1887); — *Après le Combat*, de Levasseur.

A gauche du chemin conduisant à la rue Férou, l'*Effort*, statue en plomb, de Pierre Roche; — puis la *Vénus* descendue de la Grotte de de Brosse; — la *Source* de Chatrousse; —l'*Hiver*, par un inconnu; — le *Triomphe de Silène*, bronze de Dalou (1884); — *Bethsabée*, par Moreau-Vauthier (1876); — *Hercule*, par Ottin; — le monument de Chopin, par E. Dubois; — celui de Gabriel Vicaire; — dans la pelouse à gauche, un *Gaulois*, par un inconnu.

Entre les rues Vavin, d'Assas et Auguste-Comte, on note :

Le Pauvre Pèlerin calabrais, de Petitot (1847);

Le Monument de Sainte-Beuve, par Puech (1898);

Les Joies de la famille, par Daillion (1889);

Le monument de *Watteau*, par Gauquié (1896);

La statue du peintre *Eustache Lesueur*, qui exécuta une série célèbre pour le couvent des Chartreux, par A. Husson (1855);

La Lutte moderne, bronze par Ottin (1867);

La Saga, par Ringel d'Islach (1888);

Horde de cerfs, bronze par Le Duc (1885);

L'Effort, par PIERRE ROCHE.

Le monument de Sainte-Beuve.

Lion de Nubie, par A. Cain (1870);

Enfin le monument de *Ferdinand Fabre*, en marbre blanc, par Marqueste.

Le monument de Watteau.

Les questeurs du Sénat, qui ont dans leurs attributions la surveillance du jardin, ont voulu mettre un frein à son envahissement par les bustes. Ils ont décidé au mois de novembre 1904 qu'aucune demande en autorisation d'élever dans le jardin un monument commémoratif ne serait examinée s'il ne s'était déjà écoulé dix ans

Le monument de George Sand.

depuis la mort de la personne dont on se proposait d'honorer la mémoire.

En vertu de la loi de 1879 qui lui a affecté le

Palais du Luxembourg et ses dépendances, c'est le Sénat qui a l'administration du jardin.

Il en assure l'entretien à l'aide de 80 ouvriers jardiniers, en moyenne, les uns à l'année, les autres à la journée, placés sous la direction de deux agents et d'un jardinier en chef, sous l'autorité immédiate de l'architecte.

Il en assure la surveillance à l'aide de surveillants recrutés généralement parmi d'anciens sous-officiers, sous l'autorité d'un adjudant, d'un capitaine et du colonel, commandant militaire du Palais.

L'entretien et la surveillance du jardin entraînent pour le Sénat une dépense annuelle moyenne de 150.000 francs. Le produit des concessions qui y sont consenties devrait venir en atténuation de ces dépenses. Mais le Sénat laisse au Trésor ce produit.

C'est, en fait, une forme de reversement audit Trésor, sur la Dotation.

Il n'en était pas ainsi autrefois. Sous le premier Empire, comme sous la Restauration et la monarchie de Juillet, le produit des concessions dans le jardin était versé à la caisse du Sénat Conservateur et de la Chambre des Pairs.

Ce produit s'élevait à 4.000 francs en chiffres ronds, en 1806, pour prendre une date.

C'était une dame Muret qui, à cette époque, était concessionnaire des chaises. Elle payait au Sénat une redevance de 3.400 francs.

A côté des chaises, la vente des fleurs d'oranger produisait en moyenne 600 francs.

Enfin, ce qui peut surprendre aujourd'hui, le Sénat du Premier Empire comme la Chambre des Pairs percevaient des loyers pour la location d'écuries, de remises, de locaux et même d'appartements dans les dépendances du Sénat.

Les temps sont bien changés. Le Sénat est, au contraire, à l'étroit dans le Palais et l'un de ses membres a indiqué, il y a quelques mois, à la tribune, l'insuffisance des locaux dont on peut disposer pour le travail des commissions.

Statistique générale

Voici les surfaces des jardins et des bâtiments du Palais du Luxembourg :

Surface totale du terrain, bâtiments et jardins
238.862^{m}.

(Dans ce total, le jardin fleuriste, les serres et l'orangerie occupent une surface de 7.980^{m}.)

Bâtiments. — Surfaces construites.

1° Grand Palais (sans les cours)	7.951
2° Présidence et bâtiment de jonction . . .	3.009
3° Dépendances du boulevard Saint-Michel.	1.365
4° Communs rue de Vaugirard.	1.500
5° Musée du Luxembourg	1.692
6° Pavillons et divers	345
Total.	15.862

CHAPITRE V

Le Musée

Consacré aux ouvrages des peintres et sculpteurs contemporains, « formant, à distance, la continuation naturelle des galeries de l'Ecole française au Louvre », le musée du Luxembourg est installé dans une construction dépendant du Palais.

Ouvert en 1750, dans la galerie Est du Grand Palais, il avait été fermé en 1780, lorsque, le Luxembourg ayant été donné en apanage à Monsieur, comte de Provence, on avait retiré de ses galeries les tableaux du Cabinet du Roi qui le composaient, ainsi que les grandes toiles de Rubens qui décoraient la galerie Ouest, pour les transporter au Palais du Louvre.

Le 18 janvier 1802, sur l'initiative des Préteurs du Sénat Conservateur, le Musée reconstitué était rouvert dans la galerie Est, avec adjonction de salles de la galerie Ouest prises par l'architecte Chalgrin, aux dépens de cette galerie transformée, pour y loger le grand escalier d'honneur.

En 1815, les alliés ayant repris au Louvre les tableaux qui formaient une partie de notre butin de guerre, il fallut combler les vides du Louvre avec les tableaux du Luxembourg. Les Rubens et les Le Sueur y furent rappelés et il ne resta au musée que 17 tableaux anciens qui, en 1821, retournèrent même au musée royal.

Le 24 avril 1818, sur les instances de la Chambre des Pairs, le musée du Luxembourg était rouvert là où il avait été fondé en 1750.

Il y est resté jusqu'en 1886.

Le retour des Chambres à Paris ayant été décidé en 1879, le Sénat, affectataire du Palais du Luxembourg, eut besoin des locaux occupés par le musée.

A ses frais, en 1884, il réalisa le transfert de ce musée dans l'orangerie construite au milieu du XIXe siècle, en face de la rue Férou, et complétée par l'adjonction de bâtiments neufs sur une partie du jardin public et du jardin du Président du Sénat.

Le Musée

Le nouveau musée fut remis à l'administration des Beaux-Arts le 20 janvier 1886.

Une cour entourée de balustrades donne accès par un large perron au pavillon d'entrée. Ce pavillon, décoré de pilastres doriques, est couronné par un fronton où la France est représentée distribuant des palmes et des couronnes à la Peinture et à la Sculpture.

Une porte monumentale, surmontée d'un cartouche au chiffre de la République, donne entrée dans le vestibule.

A droite, le logement du gardien chef; à gauche, et à l'étage, les cabinets du conservateur et de son adjoint.

La première salle est réservée à la sculpture; l'annexe de droite à la peinture étrangère.

Les autres salles sont réservées à la peinture française.

Toutes ces salles, éclairées par en haut, sont chauffées et ventilées par deux calorifères installés dans des caves.

L'ancien musée n'avait pour les expositions de peinture qu'une surface véritable de 1.876 m. dont il fallait retrancher environ 130 mètres pour deux salles entièrement obscures. Il ne restait donc pour les tableaux que 1.746 mètres environ.

L'installation actuelle comporte 2.177 mètres pour la peinture et, pour la sculpture, un emplacement de 432 mètres.

C'est, à l'heure qu'il est, insuffisant, et la question de l'agrandissement du musée actuel ou de la construction d'un nouveau musée se trouve posée.

CHAPITRE VI

Les Carrières

Le Palais du Luxembourg est-il construit sur les carrières?

A cette question, il faut répondre non.

Mais sous le jardin, sous les dépendances du Palais portant le n° 64 du boulevard Saint-Michel, sous le fleuriste, on a tiré de la pierre.

En jetant les yeux sur les six feuilles assemblées de l'Atlas des Carrières, publié par l'inspection générale de la Seine, on constate:

Au Nord, l'existence *sous la rue de Vaugirard*, d'une galerie, consolidée jusqu'à la hauteur du numéro 52, et qui se prolonge jusqu'au coin de la rue Corneille. Dans cette dernière partie, la galerie, aujourd'hui fermée, a été percée dans les marnes, au-dessus de la masse de pierre.

Elle a fourni des renseignements qui ont démontré que le Palais comme le Petit-Luxembourg sont fondés sur la pleine masse.

Une tranche dans la masse a été dirigée sous le milieu de l'allée des Carmes, du côté du Palais, à 68 mètres. Elle n'a rencontré aucun vide. L'affluence des eaux l'a fait abandonner.

Une autre tranche a été poussée sous l'allée de Fleurus vers le bassin, à 65 mètres. Elle n'a pas rencontré davantage de vide. L'affluence des eaux et le manque d'air l'ont fait abandonner.

149 mètres de recherches dans la pleine masse ont été exécutés sous l'allée qui joint la grille de Fleurus à celle de la rue Vavin. Elles n'ont rien fait découvrir.

Il en est de même d'une tranche de 142 mèt. dirigée à partir du coin de la grande avenue sous l'allée des Tilleuls longeant la pépinière, à l'Ouest. L'affluence des eaux l'a fait abandonner.

Un système de recherches ayant 320 mètres de développement a été poussé du Nord de la grande avenue vers le Palais d'une part, et vers la grille Saint-Dominique d'Enfer, de l'autre. L'extrémité septentrionale de ces recherches dépasse le centre du bassin. Aucun vide n'a été découvert. Le travail a eu lieu en pleine masse. L'abandon en est dû, comme pour les précédentes, à l'affluence des eaux.

L'obstacle qui a fait abandonner les recherches est en même temps le meilleur garant que l'exploitation de la masse, en ces endroits, n'a pas eu lieu.

Cette masse ne forme pas un système de bancs horizontaux. Elle présente au contraire une pente générale vers le Nord; et comme la nappe d'eau souterraine conserve, au contraire, sur tous les points, son horizontalité, il en résulte que la masse exploitable située vers le sud, au dessus du niveau des eaux, s'enfonce, vers le Nord. au-dessous de ce même niveau. De là. l'impossibilité de prolonger les galeries de recherche au Nord; mais de là, aussi, l'impossibilité que la masse ait été exploitée au-delà du point extrême de ces galeries.

On a, il est vrai, en fondant la nouvelle façade du Palais, rencontré un assez grand nombre de puits qui pouvaient paraître avoir servi à l'exploitation. En fait, ces puits, qui n'avaient aucune communication souterraine, ressemblaient à ceux qu'on trouva lors des fondations du Panthéon et d'où les potiers du temps tirèrent l'argile à poterie.

Les Carrières. — Consolidations
sous l'immeuble n° 64 boulevard Saint-Michel.

A l'Est, aucune exploitation n'est signalée sous la rue de Médicis. Mais, boulevard Saint-Michel, aux numéros 62 (Ecole des Mines), 64, dépendances du Sénat, on a exploité la masse. Une galerie partant du n° 62, traverse en Z la cour du n° 64 et de nombreux travaux de consolidation ont dû être exécutés à l'angle Est du bâtiment, sous la partie reliant la construction neuve en bordure du boulevard et l'ancienne résidence du Prieur des Chartreux; sous les murs de cette résidence à l'angle de laquelle, côté jardin, se trouve un puits à eau, dont on a dû cercler le bas en maçonnerie, en ne laissant dégagé qu'un accès par deux galeries se coupant à angle droit.

Ce puits a environ 26 mètres de profondeur. La carrière est, en cet endroit, à 15 m. 70. Il y a quelques mètres d'eau.

Deux autres puits, fermés partout, ceux-ci, et accotés, existent encore à l'angle du bâtiment neuf, sur le boulevard et à l'Est.

L'orangerie, en bordure de la rue Auguste-Comte, est traversée en biais par une galerie. Les serres attenantes sont bâties en partie sur une carrière effondrée, surtout à l'extrémité Ouest.

Sous le fleuriste, sous ses serres, la masse a été exploitée. De nombreux tassements se sont pro-

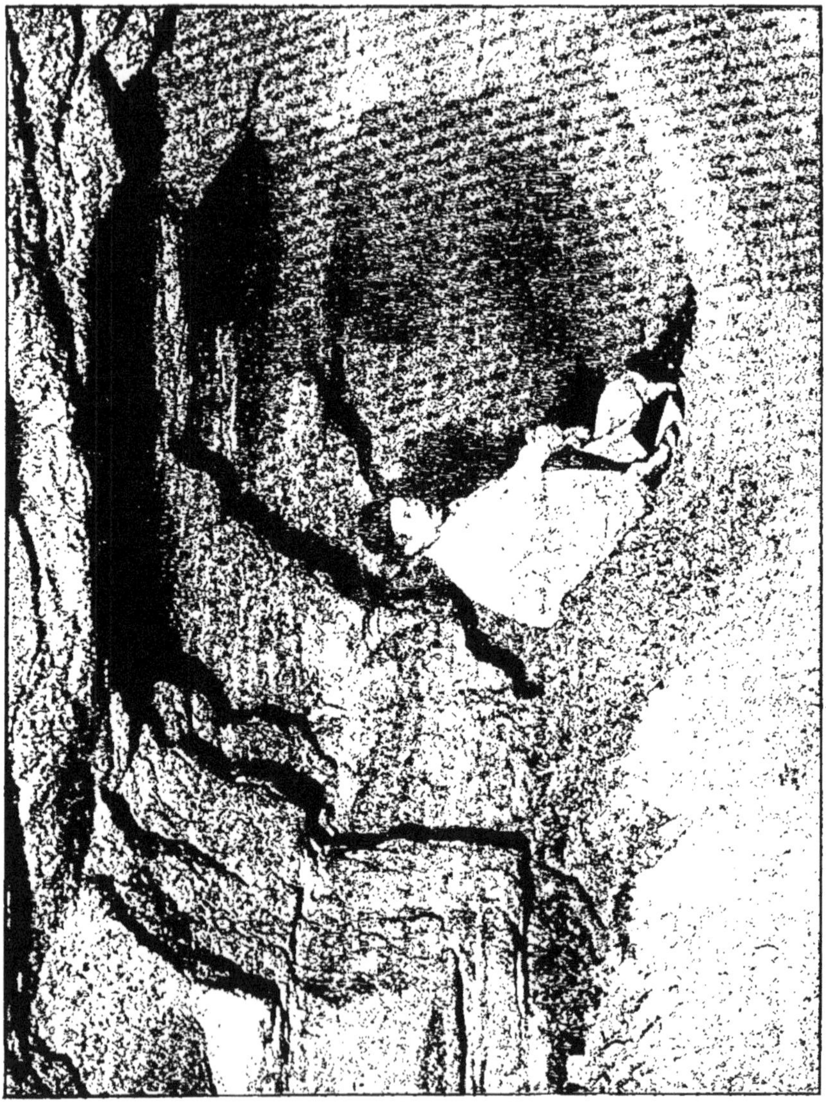

duits et il a fallu faire d'importants travaux de recherche et de consolidation.

En poursuivant au Nord-Est, on constate des excavations qui commencent à la courbe finale de la pelouse centrale, dans l'axe de l'avenue de l'Observatoire.

C'est dans les galeries de cette région que les Chartreux avaient aménagé leurs caves. Des voûtes jetées çà et là indiquent leurs travaux. Mais des bourrages, des éboulements, des puits comblés en terre et en matériaux de toutes sortes, empêchent de se rendre un compte bien exact de la situation et il faudra, pour la fixer, poursuivre un travail de déblai et de consolidation qui sera assez long et assez onéreux.

Au coin des rues Auguste-Comte et d'Assas, sous la pépinière, rue du Luxembourg, en face les numéros 28, 26 et 24, et de 20 à 2, de nombreuses galeries existent, où les bourrages alternent avec les consolidations.

Le pavillon de l'architecte — corps de garde en 1845 — est miné et les exploitations courent en serpentant par le chemin à droite de la pelouse, gagnent l'adjonction dernière du musée pour se replier vers la rue de Vaugirard, vers la galerie que nous avons signalée en commençant.

Depuis 1776, date où elle fut constituée, l'inspection des carrières a entrepris de nombreux travaux dans la région que nous venons de circonscrire, pour rester dans les limites du Luxembourg actuel, qui, seul, nous occupe.

En 1779, les Chartreux tiraient encore de la pierre, sous le vaste enclos dont ils étaient propriétaires et où sont actuellement la pépinière, la grande avenue de l'Observatoire et au delà. Au mois de juillet, le lieutenant de police Lenoir invita leur prieur à cesser toute exploitation et à consolider le ciel des carrières.

De nombreux piliers furent, à la suite de cette mise en demeure, construits aux points les plus menaçants.

Quant aux carrières de la région septentrionale du Luxembourg, on ignore à quelle époque elles remontent. Des fontis, c'est-à-dire des excavations produites à la surface du sol par suite de l'écrasement des ciels de carrières, en avaient, de temps à autre, révélé l'existence. Mais, quoique en inféodant le Luxembourg à Monsieur, son frère, Louis XVI eût pris à sa charge les dépenses que pouvait exiger la sûreté du sol, il ne paraît pas que ce prince ait jamais fait exécuter aucun travail de consolidation.

Une lettre du 23 pluviôse an VII, adressée par le ministre de l'intérieur à l'administration centrale du département de la Seine, reconnaît la nécessité d'assurer la solidité du Palais Directorial et de ses dépendances, et ouvre un crédit pour l'installation de trois ateliers de travaux souterrains ayant notamment pour objet la continuation de la recherche commencée sous la rue de Vaugirard et arrêtée à cette époque vers l'encoignure de la rue Férou.

Cependant, les fontis se multipliaient. Le 2 décembre 1809, pendant le séjour du roi de Wurtemberg au Petit-Luxembourg, une excavation profonde s'ouvrit à l'extrémité de l'allée des Carmes, près du pavillon affecté présentement à l'architecte. Un autre fontis non moins considérable se déclara le 25 avril 1860 dans le jardin de la reine d'Espagne.

La fréquence de ces accidents éveilla la sollicitude de l'administration, et l'on décida la construction d'un escalier de service spécialement affecté à la consolidation des carrières situées dans le voisinage du Palais. Il fut commencé en août 1813, en face de l'Odéon. Il a, depuis, été fermé.

En 1814, on profite d'un fontis à la grille de la rue de Fleurus pour l'établissement d'un puits de service.

En 1817, six fontis sont signalés. En 1818, le sol s'affaisse du côté de la rue actuelle de Médicis. On y creuse un puits de recherche. Mais, dans cette région, la masse est sous l'eau et l'affaissement ne peut être attribué à l'existence d'anciennes carrières.

En 1819, les recherches faites sous le fleuriste font découvrir sur le front de masse la date de 1703.

En 1826, on voulut se rendre compte si des vides existaient sous le Palais. On poussa dans la masse une tranche de recherche suivant l'axe de l'avenue des Carmes. Mais on ne trouva rien et on abandonna ce travail.

Le 4 janvier 1837, rue Duguay-Trouin, un fontis se déclara, qui fit une victime.

Depuis, bien d'autres tassements se sont produits. De nombreux travaux ont été exécutés. Les derniers ont été repris en novembre 1904.

Il reste, comme nous l'indiquions plus haut, à explorer toute la partie en bourrages qui servit de caves aux Chartreux.

TABLE DES MATIÈRES

TEXTE

GRAVURES

ACHEVÉ D'IMPRIMER, A PARIS, CHEZ MOUILLOT
LE 30 JANVIER 1905.

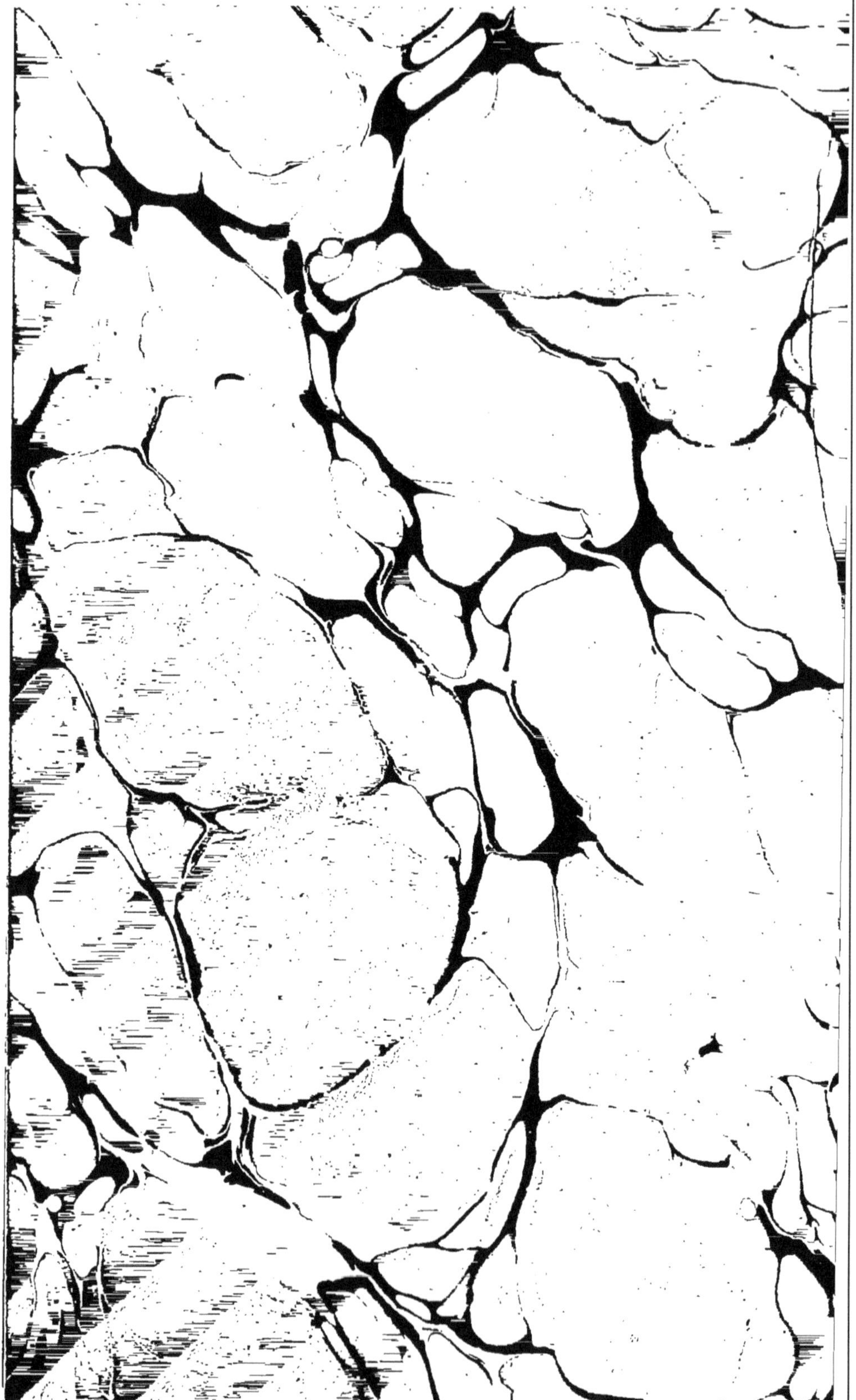

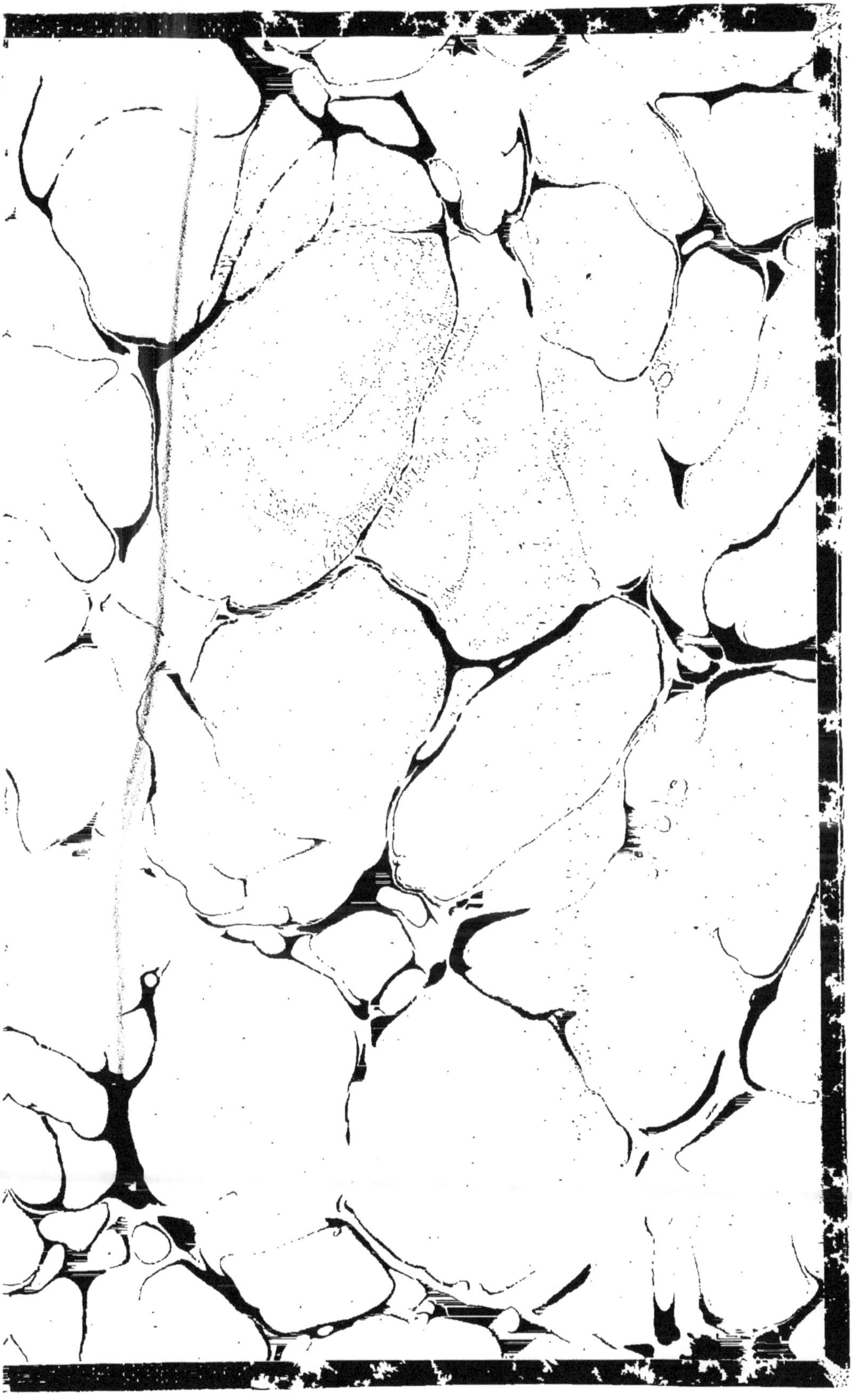

www.ingramcontent.com/pod-product-compliance
Ingram Content Group UK Ltd.
Pitfield, Milton Keynes, MK11 3LW, UK
UKHW031844260826
14628UKWH00002B/574

9 782014 434279